「いい会社」になるために知りたい

名経営者の言葉

――葛藤の末にたどりついた　人を大切にする経営の本質

藤井正隆　著
坂本光司　解説

ラグーナ出版

プロローグ

本書は、毎月、直接、全国のいい会社を訪問し、主に経営者にインタビューし、月刊「人事マネジメント」に掲載してきた記事をまとめたものです。

月刊「人事マネジメント」で執筆を始めて7年が過ぎました。毎月月末の原稿提出日は、私にとって視察して学んだことを整理し、まだまだできていない自分自身の経営のあり方とやり方を内省する時間となっています。

私自身、経営者として、もっと言えば、人として大切なことは、自己理解・自己覚知ではないかと思います。もちろん、経営者は、どんな厳しい経営環境のなかにあっても企業経営を継続するためには、先見性、論理的思考、対人関係能力、判断力、決断力などが必要であることは言うまでもありません。

しかし、本当の意味で使えるこうした能力を身に付けるには、経験の消化が不可欠であり、その経験を通じた内省を繰り返し、自分自身を見つめ直すことが重要だと感じます。

学識未経験者、象牙の塔といった経験の消化がなく理論だけで、世の中のことが分かったようなことを言う学者や有識者からは、人の心を引き付けて魂を揺れ動かすような言葉を聞くことはありません。なぜなら、骨身に染みる、つまり、嬉しさや苦しさを深く心身に感ずるような経験をしていないからです。

本書に取り上げた経営者は、例外なく、リーマンショックやコロナショックなど、自社では、コントロールできない激変、経営者自身のマネジメントの未熟さからくる社員の大量退職などの失政、限度を超えたコストダウン要求など取引先からの不条理な対応、そして、例に挙げたことが要因からの倒産の危機など、想像を絶するような苦難を乗り越えています。

また、苦難を乗り越える過程において、人から受けた恩、どん底の中でひらめいた起死回生の方策などには、時代が移り変わっても変わらない経営の本質を学んでいます。

最良の学びは、自らが経験することです。一方、私も含め、経営者は誰もが平等に1年365日、1日24時間しかありません。そして、経営者としての役割を果たす期間も永遠とはいきません。だから、「他から学ぶ」ことが貴重なのです。

前著のように、経営者が辿り着いた言葉は、1日に1つの言葉、1カ月に31の言葉+本著の出版社であるラグーナ出版森越まや会長の言葉で、計32の言葉となり、五つの章毎のテーマに整理されています。

いい会社をつくった経営者の言葉とその背景が、本書を手に取っていただいた経営者、社員の方々にとって、自社ないし自分自身の振り返りと、そこからの学びによる成長に繫がれば、この上ない慶びです。

藤井　正隆

「いい会社」になるために知りたい　名経営者の言葉――目次

プロローグ　3

第1章　企業経営の目的・志を確立した言葉

「人づくりは、自分づくり」
自分が変わらないと、人も会社も変わらない
株式会社八天堂
森光 孝雅　代表取締役　14

「会社は、経営者が考えている通りの会社になる」
経営理念「やさしい会社をつくりましょう～一人一人を大切に～」
株式会社ビューティーサロンモリワキ
森脇 嘉三　代表取締役会長　20

「食と健康の理想郷をつくる！」
「緑の牧場から食卓へ」飽くなき挑戦が農業のテーマパークを育む
株式会社サイボク
笹﨑 静雄　会長　26

「食はお客様の『命』を預かっている」
100年先の安心・安全・健康を考え抜いた真の満足を追求し続ける
太子食品工業株式会社
工藤 茂雄　代表取締役社長　32

「毎日が一生懸命　関わる人を豊かにしたい」
どんなに忙しくても人から必要とされているならそれは苦労でなく喜びだ
アジアグループ（株式会社アジアホールディングス）
新沼 光　会長 兼 CEO
38

「小手先のテクニックではダメ。想いだけが人を動かす」
使命すなわち命を使う経営者の姿勢と覚悟がすべて！
株式会社アドバンティク・レヒュース
堀切 勇真　代表取締役
44

「働き方改革ではなく、楽しみ方改革」
腹八分目で働く喜びや自己成長を感じられる人生を送ろう
沢根スプリング株式会社
沢根 孝佳　取締役会長
50

第1章まとめ　56

第2章　人として大切なことを考えさせる言葉

「『まっすぐ』な人格が一番、その上にしか人生は続かない」
長年にわたる「まっすぐな姿勢」が関係者からの支持と信頼を育てる
KISHIDAグループ
岸田 眞美　創業者・代表社員
62

「人は、メンターとアンカーがそろえば、何度でも挑戦できる」
成功率が1パーセントだとしても、100回繰り返せば必ず夢の扉は開く
株式会社ユーグレナ
出雲 充　代表取締役社長
68

「知恩報恩――恩を知り、恩に報いる」
人に寄り添い、関係するすべての人を思いやる経営を貫く
松川電氣株式会社　代表取締役　小澤邦比呂　74

「長年にわたり成功している人は皆、ツイていたと言う」
人間力のある経営者には、学歴や能力よりも感謝の心がある
株式会社スーパーホテル　会長　山本梁介　80

「いつまでも覚えている手はあったかい」
人に尽くしてすぐ忘れる手、人からの恩をずっと忘れない手は温かい
柿の実幼稚園　園長　小島澄人　86

「会社は、お金を稼ぐだけでなく、人生が育まれる場」
売上・利益よりもまず関係者や地域社会への貢献を追求していく
株式会社グッディーホーム　代表取締役　卯月靖也　92

「間違っていることを正すことは、生きている証」
固い信念と思いやりで「Iの経営からWEの経営へ」変革を続ける
株式会社イムラ　代表取締役社長　井村優　98

「精神障がいは社会のなかでこそ治っていく」
働くことが心の病の薬になる
株式会社ラグーナ出版　代表取締役会長　森越まや　104

第2章まとめ 110

第3章　経営者のあるべき姿勢を描く言葉

「自分が変わらないと、周りは変わらない」
社員からNOを突き付けられたことで、経営者としてひと皮むける
株式会社琉球補聴器 代表取締役 森山 賢 114

「永遠に未完成」
関係先を大切にし、業界全体の地位を上げていくために
株式会社ダイワコーポレーション 代表取締役社長 曽根 和光 120

「会社はトップで成長し、トップで潰れる」
常に現場を回り、今起こっている問題に向き合う
日本ウエストン株式会社 代表取締役会長 臼井 麻紗杜 126

「経営者は、想定外があってはならない」
困っている人を助ける仕事は赤字でも広告費ととらえて継続する
徳武産業株式会社 代表取締役会長 十河 孝男 132

「健全な危機感を持つには、動き回ること」

組合員のことよりも組織を優先する考え方は間違い！

鹿児島きもつき農業協同組合 代表理事組合長 下小野田寛 138

第3章まとめ 145

第4章 企業を永続・成長させる言葉

「伝統とは、その時代の人々に愛されるために革新すること」
人形の革新を通じて子を思う親の愛を永く伝えていきたい
株式会社ふらここ 代表取締役 原英洋 150

「伝統を守るのではなく、伝統を攻める」
伝統の鋳造技術を核にさまざまな新製品開発、海外展開に挑む
株式会社能作 代表取締役会長 能作克治 156

「一階に現実、二階に夢」
現実を生きていくと同時に夢を持たなくては、成長できないし、未来もない
福井経編興業株式会社 代表取締役 髙木義秀 162

「一点を深く掘り下げていけば穴は自然に広がる」
「社員の幸せを目的にする経営」とは、「つくるひとをつくる」こと
三和建設株式会社 代表取締役社長 森本尚孝 168

「理念なき戦略は罪悪であり、戦略なき理念は寝言である」
戦略と理念のバランスなき企業経営は成り立たない
スズキ機工株式会社 代表取締役 鈴木 豊 175

第4章まとめ 181

第5章　企業経営の本質を言い当てた言葉

「人を儲けさせることで、自分も儲かる」
会社を幸せの発信基地として、全世界に良い影響を与える
会宝産業株式会社 取締役会長 近藤 典彦 186

「ルールを知らずに、ゲームには勝てない」
経営の仕組みをしっかり理解しなければ成果は出せない
MIC株式会社 代表取締役社長 河合 克也 192

「会社の数字と社員の幸せのバランスが大切」
社員は経営者が言っていることではなくやっていることで信頼する
藤井電機株式会社 代表取締役社長 藤井 洋平 198

「経営はバランスである」
お客様や社員を幸せにする企業が戦う相手は自社である
オタフクホールディングス株式会社 代表取締役社長 佐々木茂喜 204

「女性活躍は制度よりも風土」
三方良しの「お互い様の風土」で、創業以来幾たびの試練を乗り切る
株式会社天彦産業 取締役会長 樋口友夫 210

「物事の始まりは、すべて小さい」
経営者には、いくら長時間仕事をしても労基署から指導されない特権がある
カレーハウスCoCo壱番屋 創業者 宗次德二 216

「来た人を、来たときより幸せにして帰しなさい」
私たちの仕事は、顧客と社員一人ひとりの喜びと幸せを追求し続けること
株式会社升本フーズ 代表取締役 塚本光伸 222

第5章まとめ 228

解説 坂本光司 231

エピローグ 242

「人を大切にする経営学会」のご案内 245

第1章

企業経営の目的・志を確立した言葉

「人づくりは、自分づくり」

自分が変わらないと、人も会社も変わらない

森光 孝雅

株式会社八天堂　代表取締役

広島県三原市に本社を置く株式会社八天堂は、初代森光香氏により和菓子店として1933（昭和8）年に創業。二代目森光義文氏が洋菓子を取り入れ、引き継いだ現代表の森光孝雅氏（以下森光）が、「くりーむパン」を看板商品に育て上げた。ちなみに、社名「八天堂」の由来は、昔から地元にあり親しまれているお堂「八天堂」のように「自身の和菓子屋も地元から親しまれ、愛されるお店にしたい」という想いから地元の人たちに相談したところ、快く名前を使うことを賛成してもらい「八天堂」と名乗ることになったのである。

森光は、長らく家業であった同店を、企業として成長させた。同社が製造販売する「八天堂のくりーむパン」は、駅の構内や百貨店で目にすることが多い。東京主要駅を中心に、現在全国に店舗を構え、さらにはアジアを中心とした海外展開も進めている。他にも、「道の駅」との

連動など、新たなビジネスモデルやイノベーションで、企業として順風満帆のように見える。

しかし、森光には、忘れようにも忘れることができない出来事がある。森光が三代目を継いだ後、個店から13店へと多店舗化を図るなかで、主要社員の退職、倒産の危機といった数々の苦難が待っていたのだ。

血気盛んな事業展開と挫折

森光は、神戸のパンの名店で4年半の修業後、26歳の時に地元三原市に戻り、銀行から１５００万円の融資を受け、父親の洋菓子店から少し離れた場所でパン屋を開業した。１９９０年当時の金利は７・９パーセント。「１日当たり客数１００人・客単価６００円」にいかないと返済できないなかで、不安を抱えながらの船出だった。

当時、三原市にはコンビニがなく、早朝開店が功を奏した。夜勤明けの人や早朝のレジャー客が押し寄せ、いくら焼いてもパンの数が追いつかず、焼きたてを鉄板のまま店内に並べたこともあった。勢いに乗った森光は、機械設備への投資、完全週休2日制や表彰制度の導入、社員旅行と、社内環境を充実させ企業としての体裁を整えていった。

こだわりのパン職人でもある森光は商品開発も盛んに行った。「良いパンを」という想いから、「次に売れるパンを」と考え、気がつけば商品点数は１００を超えていた。

しかし、いい時は長くは続かなかった。開業からわずか10年で広島市を中心として13店舗出店。修業の地である神戸・三宮に大型店を出す際に、新店舗の店長となる予定の社員が突然、辞めたいと言ってきた。最大のライバル店への転職だった。引きずられるように、既存店の店長たちも次々と辞めていった。

開業10年で市場も大きく変化していた。広島県内にも24時間営業のコンビニ出店が加速した。そして、同業の人気ライバル店も出店し、できる社員から、八天堂より繁盛していた他店へ腕を磨くために移っていった。悪いことは続くものである。森光は、社員の抜けた穴を補うために、自身が広島じゅうの店舗を車で飛び回ってパンを焼きまくっていたある日、疲れからか交通事故を起こしたのだ。幸い物損事故で済んだものの、額に傷を負い、首も痛めてしまった。

それでも、なんとか店を閉めてはいけないと走り回った森光に、目の前が真っ暗になるようなことが起こった。銀行に呼び出されて、今後は追加融資ができないと言われ、同席した弁護士からは民事再生を勧められたのだ。

当時、森光は夜も眠れず、精神的にもギリギリの状態だった。周りからの批判も聞こえてきて、後年、家族や当時の知人に「あの時によく死ななかったな」と言われるほどに追い詰められてしまったのである。

森光を変えた二つの出来事

崖っぷちに追い込まれた森光であったが、辞めていった人を恨むなど、基本的には他責の姿勢が変わらないままであった。父親である義文から注意されても、「1店舗しかできなかった二代目とは違い、俺は、10店以上展開し売上も数億円の会社をやっている」と見下していたという。

そうしたなかで、それまでの森光の価値観を180度変えさせる二つの出来事があった。

業績が悪化していくなか、ある店舗の店長から、新入社員の一人と急に連絡がつかなくなったと報告があった。人が減るなか、朝早くから夜遅くまで昼休みも休憩も週1日の休みさえも取れないという最悪の労働環境が、無断欠勤の原因となったのだ。

森光は、慌ててその社員の実家へ駆けつける。親御さんから「うちの娘は子どもの頃からパン屋になることが夢で、入社が決まった時には家族みんなで喜びました。なのに、実際に入社したらとんでもない労働環境で働かされて。そのせいでうちの娘は家の外に一歩も出られなくなってしまった」と言われ、自身も娘を持つ森光はただ頭を下げ続けるしかなかった。親御さんの叱責が身に染みて、頭を上げられなかったのである。

もう一つの出来事は、ついに1～2カ月しか会社がもたないという時に、森光に入った実弟からの1本の電話である。「2000万円貸すからなんとか頑張ってほしい」との申し出だった。妻の実家がある栃木県宇都宮市でパン屋1店舗を経営する弟が、2000万円を貯めるのにどれだけのパンを売らなければならないか、何年かかったのかは、同業であるのですぐに分かった。

弟を育てた両親の偉大さを、森光が思い知らされた瞬間だった。森光が心底謝ろうと父親を訪ねると、「すまんな孝雅、申し訳ない、死ぬなよ」と先に謝らせてしまい、森光は泣き崩れるしかなかったという。

自分の夢を志に進化させる

自暴自棄になり「自分はいなくなったほうがいいのではないか」と考えた森光だったが、これらの出来事を契機に、なんとか恩返しがしたいと気持ちを持ち直して取り組んだ。直販だけでなく、地元のスーパーに天然酵母パンの営業を重ね、業績を立て直した。次に森光は、高付加価値商品で首都圏で成功している他社や、地元の後輩の和菓子屋の成功を見て、東京進出を決意したのだ。この過程で、100種類もあったパンではブランド化が難しいために、「くりーむパン」に絞り込んだ。

パン職人である森光は商品開発が得意だ。そのために、珍しいものや奇をてらったものに走りがちで、開発する新商品は一時的に注目されるもののすぐ売れなくなることを繰り返してきた。そして、商品を絞り込むことは、口で言うのは簡単だが不安も伴う。しかし、森光は、何度も試作を重ね、冷蔵庫に入れても硬くならず、おいしいクリームがたっぷり入るパンを1年半かけて開発し展開したのである。

冒頭に書いたように絶えず次の手を打つ森光であるが、自分の夢だけを追っていた時と今は違う。森光は、「夢と志は全くの別物」という。志が伴わなければブレた経営となり、誰も応援してくれない。そして、「**人づくりは、自分づくり。自分が変わらないと、人も会社も変わらない**」ことを身をもって経験した森光は、八天堂を、「日本でいちばん大切にしたい会社」大賞審査委員会特別賞を受賞するまで成長させたのである。

※「人事マネジメント」２０２０年11月号掲載のものに、今回単行本化にあたり一部修正を加えた。

「会社は、経営者が考えている通りの会社になる」

経営理念「やさしい会社をつくりましょう～一人一人を大切に～」

森脇 嘉三 株式会社ビューティーサロンモリワキ 代表取締役会長

株式会社ビューティサロンモリワキ（以下モリワキ）は、大阪府交野市に本社を置き、枚方市、寝屋川市で貸衣裳店を含め9店舗を展開、社員数も100名を超す規模の、美容一般および化粧品販売を行う会社である。

モリワキは、代表取締役会長森脇嘉三氏（以下嘉三）の妻で取締役森脇正子氏（以下正子）の両親が1952年に創業した。嘉三は、初めから美容の世界にいたわけではない。

結婚したときは、建設関係の会社に約10年勤めていた。正子と結婚したことで、正子の父（以下先代）と接することになる。先代は毎日、嘉三に哲学的な話をしたという。例えば、「家族を幸せにできない者は、スタッフを幸せにできない」といった内容だ。

当時、夫婦に子どもが生まれた後も、嘉三は建設業、正子は美容院の仕事をやっていた。ところが、美容師正子のお客様の予約が立て込むと、子どもを保育園に預けても、夜も迎えに行けないときがあった。幼い子どもが、「今日は、夜7時、8時になるよ」と言われて、小さなリュックを背負って正子を待っていることを聞いたとき、嘉三は自分が仕事を辞めて美容院に入ったほうがいいと決意した。

当時、外国航路の船乗りだった、嘉三の弟・伸一氏も、正子の妹・森脇文子氏と結婚して先に美容院に入っていたので、姉妹と娘婿の4人で一番年長の嘉三が代表取締役社長（現会長）に、伸一氏が代表取締役副社長（現社長）になって新経営体制をスタートさせた。

嘉三は、美容業界が他の業界と異なることに気付く。スタッフは誰も社会保険に入っていない。週休2日でもなく、店を閉めた後にカットの練習や会議で夜遅くまでやるのが当たり前。このため、美容業界は退職率も高く、美容学校を卒業して美容師になっても10年で10分の1になるなど、一見ファッショナブルでも、実際は一日中立ちっぱなしの重労働であり、平均給料も他の業種に比べて決して高くはなかった。

売上・利益重視経営のつまずきと方向転換

嘉三は入社して4年で社長に就任し、先代が他界した後しばらくして拡大路線に向かった。多店舗展開を進めるとともに、既存店舗も順次、全面改装するなどで売上を高めていった。1997〜2003年までの売上推移をみると、少ない年でも前年比4・3パーセントアップ、多い年では前年比11・7パーセントアップし、2003年には過去最大の売上・利益を計上した。

嘉三は、売上・利益が上がっていれば、スタッフが喜ぶと思い込んでいたという。ところが、順風満帆と思えた数年後、次々と試練に見舞われる。お客様からの眉毛染め等のクレームで多額の補償費用を支出。スタッフ寮での事故、さらに、入社4年目13名のスタッフが8カ月の間に9名退職。嘉三は、深く考えずに従業員を増やし拡大路線に走ったことで、スタッフにプレッシャーをかけていたと当時を振り返る。そして、先代の言葉を思い出し、売上や利益を追わない、スタッフを大切にする経営へと舵を切る。すると売上は3年連続で下がった一方で、入社したスタッフ35人のうち辞めたのは2人と、スタッフの定着は格段に良くなったという。

経営理念の設定と共有化、大家族経営の本格化

試練のなか、経営者としての勉強に励むうちに、「経営理念」がないことに嘉三は気付く。そんなとき偶然、伊那食品工業株式会社塚越寛氏の本と出合い、感銘し、同社の社是「いい会社をつくりましょう」を参考にして、モリワキの組織文化風土を踏まえ、「思いやり」「やさしさ」といったキーワードから「やさしい会社をつくりましょう～一人一人を大切に～」という経営理念を設定した。

さらに嘉三は、熊本の思想家北川八郎氏、北九州小倉の同業久保華図八氏らも訪ねた。拡大より内部充実、お客様が喜んでいるか、スタッフがのびのび働けているかなど、判断する基準は損得ではなく人の喜ぶことだとアドバイスを受けた。

こうした過程で嘉三は、迷いも晴れて進むべき道に確信が持てたという。これまで店舗のリニューアル、お客様獲得等に費やしていた利益を、社員の幸せのために使おうと心が決まったのだ。そして、単に給料を増やすということではなく、スタッフがより快適な会社になったと感じられる取り組みを次々と始めた。

●スタッフを大切にするさまざまな取り組み

嘉三が実行した主だった取り組みは、次の通りである。

1．全寮制

交野市本社の道路を挟んで斜め向こうに、安心して生活できるようにスタッフが寝泊まりする寮を完備。職場から距離があるところでは、通うのに大変であることに加え、夜道は危険だからだ。

2．本社3階に、レッスン室と食堂を完備

本店3階に、スタッフが、カットその他を本番さながらに練習することのできるレッスン室を用意。レッスン室の隣の最も窓からの景色がいいところに社員食堂がある。そこでは、外食で栄養が偏らないようにと、毎日バランスの良いメニューを考えるスタッフが配置されている。

3．社会保険を整備

大半が社会保険未整備という業界の現状のなか、全員対象で社会保険を完備して加入させている。

4．キャリアと心の教育の充実

技術的な面に関しては、スタートからゴールまでのロードマップをつくっており、技術がどこまで上がったかが分かる。3年半でスタイリストとして一人前になることを目標に、スタッフ同士もお互いに教え合いながら成長していく。

また、単に美容技術だけでなく、心の教育に力を入れている。心の教育は、一人前の社会人

としてやさしく心遣いができる立派な美容師を育成するためだ。休日にスタッフが自主的に行っている、障がい者施設に訪問してのヘアカット活動も、やさしい心を育むことにつながっているという。

他に、月1回の夕食会、接遇・実技モリワキ大会、全員キャンプ、モリリンピック（社内運動会）等、レクリエーションも頻繁に行われる。

理念通りのやさしい会社へ

最も見晴らしと日当たりがいい3階の食堂には、

「**人間は、自分が一日中考えている通りの人間になる**」

――という文字の言葉が飾られている。人間を会社に置き換えると、

「**会社は、経営者が一日中考えている通りの会社になる**」

モリワキの過去と現在を比べると、まさに、嘉三をはじめ4人の幹部の取り組みにより、経営理念の通りのやさしい会社に変わっていった様子が見て取れる。そして、売上・利益に走っていたとき以上に、着実に成長発展を続けているのだ。

※「人事マネジメント」２０１９年5月号掲載のものに、今回単行本化にあたり一部修正を加えた。

「食と健康の理想郷をつくる!」

「緑の牧場から食卓へ」飽くなき挑戦が農業のテーマパークを育む

笹崎 静雄　株式会社サイボク　会長

株式会社サイボクは、埼玉県日高市にある。農業のディズニーランドといわれ、集客数は東京ディズニーランド・シー、USJに次ぐ3位で年間400万人を超える。東京ドーム約2個分の緑豊かな敷地には、レストラン、ミートショップ、契約農家から届く有機野菜の直売所、アスレチック広場、天然温泉等、家族で一日楽しめる。ミートショップには人が途絶えず、毎日直営牧場から届く新鮮な豚肉や自家工場でつくるウインナー・ハムなどの加工食品は、口にすれば、市販のスーパーで売られているものとは味と香りが明らかに違うことが分かる。

同社は、代表取締役会長・笹崎静雄氏（以下静雄）の父である笹崎龍雄氏（故人・以下龍雄）が、フィリピンの激戦地から九死に一生を得て日本に帰還し創業した会社である。1946年、種乳牛、種豚、種鶏の育種改良と増殖を使命とする牧場経営がスタートした。

龍雄が牧場経営を始めたきっかけは、戦地で遭遇したアメリカ兵が肉やソーセージを食べる風景を目の当たりにしたからだ。アメリカ兵に比べて日本兵はやせ細り、体格も大人と子どもほど違う。戦争に負けた要因の一つは、「食」にあると痛感したのである。

さらに、日本へ帰った龍雄は、戦時中にフィリピンで仕えた山下奉文《ともゆき》司令官が敗戦の際に言った「責任は私一人がとる。君たちは全員祖国に帰り、祖国復興に身を捧げよ。これが最後の命令である！」という言葉に従い、大学で学んだ獣医学と畜産学を活かそうと種豚場を始めたのである。

龍雄が種豚場を営んで２年目の１９４８年に、牧場にある掘っ建て小屋で生まれたのが、現会長の静雄である。創業者である龍雄は、渋沢栄一賞受賞などで功績が評価されているが、家業から企業へと成長させたのは、静雄による事業展開の貢献が大きい。そして、養豚の神様といわれた龍雄の後を継いだ静雄にも、龍雄とは異なる困難を乗り越えた歴史がある。

豚舎に寝泊まりし豚と話す

笹崎家は、開拓で入植し、地元住民にとっては、新参者である。さらに、豚を飼っているから臭い。小学校へ通うようになると、上級生から、逆さ吊りや川での水攻め、木に縛られるといった、今では考えられないようないじめに遭った。

静雄がいじめのことを龍雄に相談すると、「悔しければ勉強で勝て！」と一喝されたという。静雄は、このことがきっかけになり、図書館にこもり、いつの間にか読書が趣味になっていった。

理不尽ないじめに遭った静雄は正義感に目覚め、ジャーナリストをめざし、龍雄に黙って文科系の大学を受験し合格した。ところが電報を受け取った龍雄に、その場で合格通知を破り棄てられる。結局、龍雄の意に応じて、日本大学の獣医学部に進学した。通常なら反発して当然だが、長男でもあり、苦労している龍雄の生き様を見て育った静雄は受け入れることができたという。

その後、静雄は、大学時代には世界の農業や食料の実情を知りたいと考え、手当たり次第にさまざまな研究機関を訪ね歩く。

卒業後は、サイボクに入社して３６５日休みなしに夢中で働いた。ところが、ある夜、寮で本を読んでいると「本など読んで何になる！　豚が何を言っているのか分かっているのか！」と先輩に怒鳴られたという。そこで静雄は、なんと豚舎に寝袋を持ち込んで寝泊まりを始めたのである。

豚は夜中に子を産むことが多いため、毎晩、分娩と哺乳の当番が必要だった。寝不足になる毎日であったが、寝泊まりを続けると豚が何をしてほしいのかが分かるようになったという。

六次化推進への飽くなき挑戦

静雄は、将来を見据えて「サイボクは生産だけでなく、流通にも関わるべきだ」と龍雄に提案したが、真っ向から反対された。なんの経験もない若僧が何を言っても認めてくれるわけがない。

そこで、静雄は会社に辞表を提出。大学の先輩を頼って鹿児島の食肉センターで無給で働くことにしたのである。センターでは、屠畜、内臓処理、枝肉カット、食肉流通の仕事を経験し、九州、大阪、東京の卸販売の仕事にも携わった。

静雄は、今でいう六次産業化（一次・二次・三次産業の融合）で生産現場から卸・販売まで経験したことを、毎週、龍雄へレポートにまとめて送付したという。その熱意からようやく提案が通り、１９７５年、サイボクの敷地内に6坪の直営店を開くことになった。

またたく間に、サイボクの肉はおいしいという評判が広がり、店舗は27坪に拡大した。お客様からドイツで食べたソーセージがおいしかったのでここでもつくってほしいと何度も言われた静雄は、今度はなけなしの貯金をはたいて一人でこっそりドイツへ向かった。単身でドイツのハム・ソーセージの会社に勉強に行ったのである。

こうして、ついにサイボクは、手づくりハム工場を竣工。種豚→肉豚→精肉→ハム・ソーセージ↓直売までの直結路線をスタートした。さらに1983年にはレストランを開業し、自家牧場産の肉、豚の堆肥を活用した有機野菜やお米、本物の素材でつくった自家製ソース等々、趣向をこらしたメニューを提供した。

2001年、静雄は社長に就任すると、食と農業と生活文化を統合した「究極のゆとり」構想を打ち出した。サイボクの敷地内に、天然温泉を掘ろうと決断したのだ。

そのプランに幹部全員が反対した。温泉が出るか出ないか分からないにもかかわらず、投資額が大きかったからである。

幸い、静雄の思いが届いたのか、地下2000メートルから大量の温泉が噴き出した。しかも、医学博士・植田理彦氏から〝五つ星〟の評価で「療養泉」のお墨付きをいただくほどの良質温泉だったのである。

並はずれた品質へのこだわり

豚肉の品質へのこだわりも半端ではない。

1997年、オランダで開かれた第28回「国際食肉プロフェッショナル競技会（SLAVAKTO）」で金メダルと「クリスタル杯」を初受賞し、サイボクハムが世界に認められるスタートとなる。1999年から、ドイツ農業協会（DLG）主催「国際食品品質競技会」に毎年出品し、これまでに金メダル総計1063個の受賞をはじめ「海外出品社・最優秀賞」「最優秀ゴールド賞」「DLG功労者メダル」等々、数多くの栄誉に輝いた。

「食と健康の理想郷をつくる！」

静雄に話を聞くなかで、飛び出した言葉である。この言葉だけ聞けば、何のことか分からない。しかし静雄が行ってきた数知れない挑戦を聞くと、シンプルであるが、これほど説得力のある言葉はない。ぜひ、サイボクの豚肉やハム・ソーセージを食べてみてほしい。静雄の言葉がきっと理解できるに違いない。

※「人事マネジメント」2021年2月号掲載のものに、今回単行本化にあたり一部修正を加えた。

「食はお客様の『命』を預かっている」

100年先の安心・安全・健康を考え抜いた真の満足を追求し続ける

工藤 茂雄　太子食品工業株式会社　代表取締役社長

激安弁当店の298円の弁当、激安スーパーやドラッグストアの38円の豆腐など、「なぜ、この値段で販売できるのか?」と驚くことがある。もちろん、赤字では継続して販売できないから、必ずからくりがある。消費・賞味期限が迫った売れ残り品の横流しや、パック詰めで安く売られているハム・ソーセージのなかには水増し品があるともいわれている。

豆腐の場合も同様である。38円の豆腐などは、輸入の安い大豆を原料に、消泡剤や、にがりの代わりとして化学製品等の凝固剤が使われている場合がほとんどである。

健康上の危険性や激安のからくりを知っている人は、ひと握りの専門家か業界の関係者だけである。そのため、食べる人の健康を考えて真面目に食品製造や販売に携わる会社も、価格競争に巻き込まれてしまっているのが現状である。そうしたなか、本社を青森県三戸郡に置く太子食品工業株式会社は、一貫して食の安全・安心に取り組んできている。

同社は、二代目の工藤茂雄氏（以下工藤）が社長を務め、社員約７００人弱、主に豆腐や納豆など和日配食品を製造・販売する。１９４０年に個人商店として創業後、１９６４年に現社名で法人化した。１９７３年に日本で初めてミニサイズの豆腐「ミニ奴」を集積包装（４個入りで包装）して発売したのを皮切りに、１９７７年に業界の常識を破るタレ付きのミニカップ納豆「まめちゃん納豆」を初めて発売。１９９２年には豆腐を１丁ずつ作る「一丁寄せ製法」を初めて採用、１９９５年に日本で初めて豆腐に牛乳成分のＣＰＰ（カゼインホスホペプチド）を加える、１９９６年にドリンクタイプゼリーでは日本初の特定保健用食品として許可を得るなど、数々の新製品、新製法を世の中に提供し続けてきた「豆腐業界の先駆者」的存在である。

後述するが、遺伝子組み換え食品が出始めた時期に、国会での質疑に応じた工藤は、まさに食を扱う者として責任感にあふれた答弁で注目を集めている。

遺伝子組み換え大豆の未使用を宣言

太子食品工業の歴史は、量販店が大型化し、食品メーカーに対して影響力を高めていくなかで、いかに信念を守り抜くかの戦いであった。当時の常務取締役で営業本部長だった工藤修氏（現・相談役）の、ある地元スーパーとのやりとりがそれを象徴している。

ある県で圧倒的なシェアを持っていた地元スーパーが、地域に進出してきた全国区のスーパーへ太子食品が納品することに対して、取引停止という最大の圧力をかけてきたことがある。しかし、工藤修氏は次のように切り返している。

「地域一番店なのであれば、ナンバーワンの商品を置くべきではないですか。それが、お客様に対する一番店の責任ではないですか」

結果として、地元スーパーの役員は理解し、値上げ交渉にも成功した。その役員は最後に「太子さんは本物の企業ですね……」とつぶやいたという。

また、かつては消費期限や賞味期限ではなく、製造日の印字が義務付けられていた。スーパーでは、製造日のより新しいものを店頭に置いたほうがお客様に訴求できるために、製造したその日に店頭に並べる「D－0（ディーゼロ）」の納品を豆腐製造会社に要求した。これは物理的に不可能なため、当日作ったものに後日作ったと偽って表示する「先付け表示」をせざるをえない状況だったのである。

しかし創業50周年の1990年に再構築した「顧客の真の満足」を経営理念に掲げる工藤は、こうした流通からの圧力に屈しなかった。「食べておいしくて大満足ということだけでなく、お客様やご家族の『生命』という、100年先の安心・安全・健康を考え抜いた満足を追求し続けることこそが、お客様の真の満足」という考えが根本にある。

同社の信念を守り抜くために、工藤は経営陣の反対を押し切って大きな決断をした。一般的に豆腐は、大きな豆腐を作ってから1丁ごとに包丁で切り分ける。しかし切る際に雑菌が入ってしまい、日持ちしなかった。そこでパック包装されるまで全く人の手が触れることがない豆腐自動化ラインの構築を試みたのである。

経営陣が反対した理由は、一つのラインだけで何億円という大型投資は業界でも例がなく、異例の設備投資だったからだ。しかし、工藤相談役の「この事業計画が失敗しても会社は潰れない。やってみよう」との言葉を機に、経営陣の意思統一がなされていった。この設備投資により、13日間、新鮮さが継続する一丁寄せ製法の豆腐が誕生し、業界で流通の圧力に対抗したのである。

また、一時期話題になった遺伝子組み換え食品にも疑問を呈して採用をしていない。

1997年、遺伝子組み換え大豆の未使用を宣言。同社の新聞全面広告が社会の関心を呼んだ。この広告が問題になって、工藤は国会での説明を求められたのである。

「私ども太子食品工業株式会社は、価格的経済性のみを追求するのではなく、お客様の健康や安全性・安心感を追求することによって顧客満足を高めることを目標に企業活動を続けて参りました。こうした方針は、手間暇が多くかかったり、投資コストが多くなったり、原料の歩留まりが悪化したりで、経済的には採算性を悪くすることばかりです。新しく組み込まれました

遺伝子がつくるたんぱくを直接口にする、そして、そのたんぱくは虫を殺したり、除草剤に耐える力を持っている。私は社長として、仮に理論的に安全だとしても、お客様はそういうものを食べたいのだろうか。私は社長として、社員にさんざん、お客様の安全、安心、健康づくりで顧客満足を図り、社会貢献するのだとハッパをかけてきたではないか、ここで、この状況で妥協したら、私の方針は、社員はもとより社会からも信頼されないのではないかと考えました」

食の安全を貫くことが社員の誇り

小売流通業は大型化が進み、個人商店もコンビニエンスストアに置き換わるなど、流通業者への交渉力が高まる一方で、冒頭に書いたように38円といった激安豆腐が売られてもいる。そんななか、1丁300円といった価格で継続的に納入できているのは、まさに食品偽装とは無縁の食の安全・安心が貫かれているからだ。

倫理観や良心という目に見えないものを大切にしている工藤が、社員に徹底していることは以下の6点である。

1　経営理念に違反していないか
2　家族や自分自身に誇れるかどうか
3　消費者がどう思うか

４　社会やマスコミに通用するか
５　法律や条例等に違反していないか
６　報告、連絡、相談の徹底

「食はお客様の『命』を預かっている」

工藤が長年にわたり大切にしてきたことが、この言葉に凝縮されており、社員の誇りにつながっている。自分たちが作る商品の品質がいかに高いかを、自身も消費者である同社の社員たちは誰よりも知っているからである。

※「人事マネジメント」２０２１年10月号掲載のまま。

「毎日が一生懸命関わる人を豊かにしたい」

どんなに忙しくても人から必要とされているならそれは苦労でなく喜びだ

新沼　光　アジアグループ（株式会社アジアホールディングス）会長 兼 CEO

アジアグループ（株式会社アジアホールディングス）は、会長兼CEOの新沼光氏（以下新沼）が、1996年に有限会社アジアハウジングとして設立した、埼玉県川越市に本社を置く優良企業である。不動産業でスタートし、川越市を中心に事業を展開。現在ではグループ会社全16社・30店舗を展開、関東だけでなく沖縄エリアも商圏にしている。

グループ会社は、不動産業を基軸に、解体・造成、広告代理業、国家資格取得学校運営、海外不動産投資、自動車事業などさまざまな事業を営み、関連会社のグループ全体の売上は70億円（2022年度）を超える。発祥の地、埼玉県川越市の地域活性化のために「小江戸川越花火大会」をはじめ、「東松山花火大会」「小江戸ハーフマラソン」など、地域のさまざまなイベントに協賛。アジアグループで設立した「NPO法人らいせんすアジア」では、授業料無料で不動産の国家資格取得をサポートし、不動産業界の活性化や地域の雇用貢献に尽力している。

さらに、スポーツ貢献では、キックボクシング「ビクトリージム」や女子プロゴルファー育成サポート「ネクストスターチャレンジカップ」、次世代のサッカー選手の育成サポート「アジアジュニアカップ」に協賛するといった支援も積極的に行っている。また、女性のライフスキルアップのための「NPO法人SALASUSU」への支援や、カンボジアの子どもたちへ教育の機会を提供するために、「AKIRA　PHUM　SWAY学校」2校を寄贈するなど、数多くの社会貢献活動を行っている。

バブル崩壊後、日本経済の混乱期にあっての創業から現在まで、幾多の困難のなか一度も赤字を出すことなく順風満帆に成長した。一方、その背景には、新沼の幼い頃の経験と、お世話になった人への感謝があり、それらが事業拡大や社会貢献活動の原動力になっている。

養子に入った父母が離婚

新沼は幼少期に、両親がいないなかで、子どもを授からなかった夫婦の養子に入ることになる。ところが、新沼を養子として迎えた夫婦が離婚することになってしまう。養育拒否の母親が家を出ていったために、母方のおばあさんが新沼を引き取り、育てることになった。こうした事実を新沼は、免許を取得する際に必要となる戸籍謄本を見るまで知らなかった。

母親が離婚して出ていったために育ててくれているおばあさんに、お小遣いがほしいとも言いにくい。新沼は、中高生の頃からアルバイトをして稼ぐという経験を積むことになる。また、新沼は10代の頃に地元の不良グループの長としてヤンチャに過ごした時期もあった。当時、女性にモテるためには東京の六大学へ行くか不良になるかであったので、オートバイを乗り回したのである。

その後、新沼は学校を出て就職することになるが、早くに子どもができたこともあり、子育てにもお金がかかった。サラリーマン生活のままでは生活が楽になりそうもなかったので、自分で会社をつくることを決意したのである。22歳の時である。創業資金がなかったので、22歳から24歳までに300万円貯めた。その後、会社設立までに1年間の修業を申し出ることになる。

広島の実業家に学んだ1冊の手帳

25歳の時に独立するが、24歳からの1年間を、新沼は準備期間とした。当時、実際に成功していた起業家に「給料はいらないから1年間勉強させてほしい」と申し出たのである。無報酬では雇うほうも困るということで、実際には月給20万円となったが、ボーナスや残業代はなく、税金や社会保険等の費用が引かれると手元にはわずかしか残らなかった。

そしてぴったり1年間修業して、1996年、予定通り25歳の時に、当時は資本金1000万円が株式会社の条件だったので、有限会社アジアハウジングを資本金300万円で設立したのである。時代は不動産バブルが崩壊した後で、不動産は下がるものだという社会の風潮であったが、会社を潰すわけにはいかない。また、幼少期にお金で苦労した経験がある新沼にとって赤字を出すことなどありえないことだった。そのため、新沼は会社設立後、25～45歳までは、社員にビジネスを任せるのではなく自らが誰よりも働き全力疾走した。

また、新沼は持ち前の行動力で、さまざまな人を訪ねて教えを乞うことを行った。船井総研の創業者・船井幸雄氏の本を読んで、生前の氏と香港で会う機会を得て船井塾にも通い、他にもまるの会代表・一條好男氏をはじめ、自ら積極的に関わりを持って勉強を重ねたのである。

そうしたなか、埼玉から広島まで訪ねていって出会った実業家が実践していた習慣を、新沼は今でも継続している。若い時のヤンチャ仲間の友人から6人の紹介を経ての出会いである。その広島の実業家は輸入雑貨を扱う当時37歳の自由人で、わずか30分の時間であったが、新沼にとってはその後の人生を変える貴重な学びとなった。実業家の手帳は真っ黒に塗り潰されていたが、実現したいことが複数書かれていて、達成するたびに塗り潰していたのである。

新沼は、真似をして実現したいことを毎日手帳に書き、書いては塗り潰すの繰り返しを20年間続けた。具体的には、借金を全くしない会社と書いて、実現したら黒く塗るといった要領である。自己資本比率は75パーセントであり、実質、無借金経営である。資金的な余裕ができると不動産の資産を増やし、経営基盤を強くした。そして会社が安定すると、次にボランティアに取り組んだ。それを地域だけでなく、発展途上国にまで広げていったのも、すべて手帳に書いてきたことである。

任せる経営に舵を切る

新沼が45歳の時、一人で突っ走る経営から任せる経営に舵を切ることになる。社員の育成に向き合って、次の成長を考えたからである。

新沼は、今までを振り返ると、自分一人でやっていた時のストレスが一番大きかったという。グループ経営者に権限を委譲し、新沼はグループ会社の経営者をプロデュースするように変えてから、成長が速くなった。売上30億円から50億円の成長をわずか6年で達成し、さらに2022年度には70億円に達したのである。

そして、自分のことを心の中で投影するのか、新沼は夢中で頑張っている人間が大好きである。

新沼は人からよく「忙しいでしょう」「苦労したでしょう」と言われるというが、忙しいということは人から必要とされているということで、苦痛どころか喜びだと言い切る。兄弟がいない、親がいないといった幼い頃の寂しさから考えれば大したことはなく、現在は家族である娘や孫がいるからである。

こうして、長年掲げてきた企業理念「毎日が一生懸命」に加え、

「毎日が一生懸命　関わる人を豊かにしたい」

を新たな企業理念とし、今も文字通り実践しているのである。

※「人事マネジメント」２０２１年12月号掲載のものに、今回単行本化にあたり一部修正を加えた。

「小手先のテクニックではダメ。想いだけが人を動かす」

使命すなわち命を使う経営者の姿勢と覚悟がすべて！

堀切 勇真
株式会社アドバンティク・レヒュース　代表取締役

株式会社アドバンティク・レヒュースは、群馬県前橋市に本社を置く、国内最大級の産業廃棄物処理会社である。産業廃棄物は増加の一途で処理ニーズは高く、全国に約15万社がある。しかし、その大半は社員数10名規模で年商も1億円程度の企業が多いなか、同社は37億円、グループで100億円超の売上を誇り、収集運搬企業としては業界ナンバーワンである。また、5K（きつい、汚い、危険、休日が少ない、給料が安い）といわれる業種で、業界としては慢性的な人手不足であるが、同社は採用には困らないというから驚きだ。

同社は1984年、堀切健吉氏（以下健吉）により設立された。健吉は元々、大企業に勤め東京近郊で家庭生活を営んでいた。ある時、遠方での勤務の話がきたが、家族の生活を考えて転勤を断る選択をした。その結果、協力企業である産業廃棄物関連の会社への転籍となった。これが現在の会社への入り口となる。その後、転籍先の会社の社員３人に誘われ会社設立に至った。退職金で私腹を肥やさず、代わりに、取引先数社の譲渡を条件に起業したのである。

健吉は、会社設立にあたり「何のために会社を創るのか」と自問した。そして、「会社はお金のために創るのではない、働く人の幸せのためにある」と結論付けた。その後、同社を事業継承したのは、大学卒業後、５年間都市銀行法人営業での経験を積んで入社した堀切勇真氏（以下堀切）である。堀切は、現場経験をした後、代表取締役に就任。並行してＡＴホールディングスを設立、グループＣＥＯにも就任し、健吉の想いを引き継ぎ、さらに同社を成長させたのである。

幸福の総和をめざす心の経営指標

ＡＴグループの経営理念は、「全社員の幸せを通して　世の中に貢献《ありがとう》の輪を広げ　幸福総和№1企業を創る」というもの。堀切は、これをスローガンに終わらせず、心の経営指標を設定している。

一部紹介すると、本人希望による非正社員を除き、試用期間中の人も含めて希望者は全員が正社員である。平均人件費は約830万円と、同業黒字企業の1・6倍であり、労働分配率はピークで75パーセントだ。賞与は年に3回、月次賞与、年末手当、お年玉まであり、毎年昇給されるというからうらやましい限りである。さらに、持株会もアドバンティク・レヒュース社からATホールディングスとして全6社に発展。持株会を通じて株主となっている社員も多く、70名以上の社員が株主となりその率25%超、金額にして2億2000万円にもなる。創業以来一度も解雇したことがなく、転職を重ねた多くの者が同社で最後の履歴書となる。休日は、業界トップクラスの年間127日、有給休暇（リフレッシュ）の未消化分は買い取り、20年前には、日本初、男性の介護休暇制度を設置と、待遇に限らず労働条件面としては業界を越えてきわめて充実している。

心の経営指標は、労働条件面だけではない。半期毎に社員がお互いの仕事を褒め合う場としてベストディール（最高の仕事）賞を設け、ゴルフの社内トーナメントや部活動を奨励するといった、社員同士が一体感を培う取り組みを頻繁に行っている。新年会や飲み会も、経営者である堀切が上座に座るのではなくフラットだ。さらに、毎月の給与支給は、給料袋に現金で、堀切自ら社長メッセージを添えて、一人ひとりにお礼を言いながら手渡しするといったコミュニケーションを大切にしている。

技術革新と良質なネットワーク

今まで紹介してきた内容を見れば、社員にとっては夢のような会社であるが、そうしたことがなぜ実現できるのだろうかと多くの人が疑問に思うかもしれない。

社名を解説すると、アドバンス（先進的）、テクノロジー（技術）、レヒュース（廃棄物）である。名は体を表すではないが、同社は、一般的な廃棄物会社では取り扱うことができない、有害で難易度が高いものを適切に処理して廃棄する高い技術力を有している。

最近は有害な廃棄物が増え、取り扱えない業者が多いなか、さまざまな研究を重ねて技術を駆使。同社で処理できない廃棄物はないと言われるほどの高い技術がある。

さらに、自立連携型経営。自社独自に収集技術を磨いてあらゆる廃棄物を処理運搬できるようにするとともに、その後の処理を依頼する取引処分事業者と信頼関係を築いている。２００社以上の取引処分事業者と連携し、顧客のニーズに合わせた最適業者を選んで委託しているのだ。もちろん、処理業者や協力会社に対しても、幸福総和№１の経営理念に合致した関わり方をし、決して無理強いをしない。

経営には在り方とやり方があるが、経営としての在り方を維持し続けるためには、絶えず時代の変化や顧客のニーズを踏まえたやり方が確立していなくては実現しない。まさに、絶え間ない技術革新と良質なネットワークが、ぶれない経営理念を実践できる下支えになっているのである。

信頼関係を基に拡大する経営

健吉から堀切へと引き継がれている、理念経営を土台に置いた経営リーダーシップは卓越している。また、堀切は都市銀行での経験から財務に強く、同社に入社後3年間の現場経験は、社員と信頼関係をつくるうえでプラスに働いている。まだ30代半ばの年齢で、年上の社員をマネジメントできるのは、現場で一緒に汗水流してきたからである。

今回、同社を取り上げてみて改めて感じたことは、1995年制定の「我々の信条」というクレドから始まり、さらにAT Group Philosophy（グループ哲学）にまとめられてきた価値体系に忠実な経営が、ぶれずに実践されているということだ。

ちなみに、同社は近年、規模の拡大を図りつつある。M&Aである。同社のM&Aは売上拡大を狙った敵対的なものでなく、長年の信頼関係がある同業者への働きかけであり、一緒になることで幸せの総和が大きくなるという判断によるものである。

「**小手先のテクニックではダメ！　想いだけが人を動かす！**」は、人を大切にする経営学会の勉強会で、堀切が本日伝えたいこととして最初に挙げた言葉である。そしてさらに、二つを付け加えている。

「**綺麗事からしか始まらない、しかし、綺麗事だけでも始まらない！**」

「**使命＝命を使う　経営者の覚悟と姿勢がすべて！**」

まさに、その通りだと感じる。

大学の経営学で習うようなことは、単なる小手先のテクニックである。同じ世代の経営者で、ＭＢＡを取得し、先代が築き上げたものを否定し、多くの社員が辞めてしまい会社が傾いた例は数多くある。一方、理想だけでは社員の生活を守ることはできない。時代に応じた経営管理の手法、技術の習得も重要なことは言うまでもない。

しかし、その根本は、堀切が伝えたいことことして挙げた、

「**想いだけが人を動かす！**」

「**経営者の覚悟と姿勢がすべて！**」

ではないだろうか。

堀切がこの気持ちを忘れない限り、同社はさらに発展するに違いない。

※「人事マネジメント」２０２０年２月号掲載のものに、今回単行本化にあたり一部修正を加えた。

「働き方改革ではなく、楽しみ方改革」

腹八分目で働く喜びや自己成長を感じられる人生を送ろう

沢根　孝佳　沢根スプリング株式会社　取締役会長

沢根スプリング株式会社は、静岡県浜松市に本社を置く、社員54名・売上8億4千万円の典型的な中小企業の町工場である。一般的なコイルばねだけでなく、線加工品、薄板ばね、医療用や精密機器用の極小ばねなど、多様な品種を製造販売している。

同社は、沢根好孝氏（現会長の父親）により、1966年創業された会社だ。当時は高度成長期、自動車部品の量産リピート品は、「作れば売れる」時代が続いたこともあり、安定的に成長していった。その後、現在取締役会長を務める沢根孝佳氏（以下沢根）が、バブルが崩壊した1991年に36歳で社長を引き継ぐことになる。沢根が社長就任した当時、同社のばね製品は自動車向け大口（汎用品）で、取引先は大手数社で8割を占める典型的な下請け企業であった。その後、日本の自動車需要は徐々に減少していくことになる。直接の販売機能を持ち、小ロット・スポット品の比率を大幅増へシフトしていった。

沢根が社長に就任する前、バブル絶頂期の1987年に、同社は日本発バネのカタログ販売「ストックスプリング」を始め、現在、常時5000種を超えるバネをカタログに掲載し、少量の注文にも1個から応じている。今では販売担当の関連会社の通販顧客は約3万2000社、直接販売の顧客数も500社と、1社当たりの依存率が大幅に低い会社に変貌している。数字を並べるのは容易だが、世間的にはまさに失われた30年といわれる時期に、工場を止めずに経営改革を行う苦労は、並大抵ではなかったと想像できる。

公正取引委員会からの連絡

沢根が会社経営を続けるなかで、取引があった自動車一次下請けメーカーから突然、注文がなくなった。その後、少し経って公正取引委員会から連絡が入った。その一次下請けメーカーと取引している協力会社2社が、真面目に経営をしている沢根を心配して公正取引委員会に投書したからだ。

この一件で、沢根は協力会社のこうした心配をありがたく感じながらも、考えた。QCD（品質・コスト・納期）の面で頑張ったとしても、特定の顧客に依存しているとまた同じような事態になってしまう。このまま量産品ばかりで本当にいいのか？　大手の意向で多大な影響を受ける状態では経営としても安定できず、社員を幸せにできない！　そう痛感したのである。

こうした背景から、「スピードとサービスによる付加価値の拡大」による経営戦略へと転換していった。具体的には、スポットを含む小口のマーケットを対象に、お客様の特注オーダーにも即応できる体制づくりである。ミッションは、「世界最速工場」だ。お客様からの問い合わせには、「2時間以内に回答、少量品は受注後3日以内の製品発送」「1個単位で、必要なものを必要な時に、必要なだけ届ける」ことをめざした。

これまで、大手企業からの作業標準書に従った作業だけを行うことに慣れた社員には、簡単ではなかった。50名の町工場の挑戦は、営業、開発、生産など職種間での密なコミュニケーションがなければ実現しないからだ。

楽しくものづくりをしたい

一方、沢根は、こうした出来事がある前から、分業化され決められた工程の効率化だけを追求する量産品ばかりでは仕事が楽しくないと感じていた。

小ロット・特注品は、頭を使い一人で全部の工程を手掛けることになる。毎日異なる図面を眺め、どうつくるかを考えなければならない。確かに大変ではあるが、ものづくりの楽しさや自己成長を実感できる機会になる。実際、事業転換を図ると、仕事の進め方にも変化があった。

量産品の時は分業で機械相手に仕事をしていたのが、図面を見ていて分からないことがあれば誰かに相談するといったように、人間相手の仕事が増えていったのだ。モノを相手にするばかりではなく、人間を相手に仕事をするうちに、笑顔、あいさつ、おもてなしの心など「誰かのために仕事をする」感覚が養われ、仕事そのものが楽しくなっていったという。

また、現場で働く人をできるだけ管理することなく、自ら判断させるようにし、かつ、無理を省いていった。通常なら1週間かかるところを1日といったように、自らハードルを設けることにより、工夫する楽しさや達成感を醸成していったのだ。

中小企業は、大きなロットを受注するには設備が足りない。しかし、小ロットなら、大手よりも小回りが利くし自由度も高い。見方を変えれば、中小企業のほうが楽しくものづくりをするには最適なのかもしれない。まさに、同社が、経営理念の1番目に掲げている「会社を永続させる——適正な利益を上げ、適正規模を守り、『やらまいか精神』で堅実経営に徹し、自らの力で考え・作り・売るを推進する」の実践だ（「やらまいか」は遠州弁で「やろうじゃないか」の意）。

「人生を大切にする」腹八分目経営

同社は、経営理念の2番目に「人生を大切にする——お互い1回だけの限られた人生であり、その人生を大切にする。社員が健康で幸せになり、80パーセントで満足し働く喜びや自己成長を感じられる会社にする」を掲げているが、沢根は愚直にこのことを実践している。

具体的には、社員の自己成長を促す施策として「魅力アップシート」を用い社員一人ひとりの人間力アップをめざしている。チャレンジ力、チームワーク力、考える力等、会社の人財育成の願いに沿って社員自身や上司が評価するものである。さらに、ストレッチ目標として、業務上の目標だけでなく「自己啓発目標」を書かせている。実際に「世界一周旅行をする」を掲げた女性社員は、4カ月の休暇を取って世界一周旅行というストレッチ目標を実現している。一人の社員が4カ月休暇を取るといったことは、会社としては非効率かもしれないが、人生を大切にするという理念には合致するものだ。

このように、沢根は、会社の目標に使う時間を80パーセントにして、20パーセントは自分の人生を豊かにするために、健康促進・人間関係づくり・趣味等に時間を使うよう奨励している。

人間は機械ではないので、昼は働き、夜は休んで、決して無理をしないことを前提としている。同社では、小型部品は自動機械で24時間稼働だが、作業者による工程には残業はほとんどない。まさに腹八分目経営の実践だ。他にも、全社員が書く作文集「やらまいか」を毎年発行。作文集は、自分の人生を考えるものとして、退職時には本人の分を編集し贈呈している。沢根は、70歳で退職した社員から「この会社にいて幸せだった」という言葉を聞いて当時を回想して、社長冥利に尽きたと話す。

現在進められている働き方改革は、労働時間の短縮に焦点が行き過ぎている。沢根が言う「楽しみ方改革」こそ、目的と手段をはき違えない本来の「働き方改革」ではないだろうか。

※「人事マネジメント」2020年5月号掲載のものに、今回単行本化にあたり一部修正を加えた。

第1章まとめ

「ＳＤＧｓ」、「パーパス経営」といわれる時代になって、企業経営の目的と問われて「儲けること」と言う経営者は、ほとんどいないのではないか。

ドラッカーは「企業の目的として有効な定義は一つしかない。顧客の創造である」と言い、顧客に喜んでもらうことが企業経営の目的としたことは多くの人に知られている。

一方、本書の解説者であり、人を大切にする経営学会会長の坂本光司は、「企業経営の目的は、関わる5人の幸せの永遠の追求」と定義し、少なくとも東日本大震災以降は、着実に共感する人が増えている。そして、ステークホルダー資本主義は、日本だけでなく世界の潮流になってきた。

しかし、実際の経営者の意思決定と行動は、必ずしも「関わる人の幸せの永遠の追求」を目的としているとは思えないと感じることがある。

例えば、東京都八王子市の精神科病院では、患者に対する身体拘束や暴行が長年繰り返されていた疑いで警視庁の立入検査が入った。さらに、退院の80％は死亡によるものである。NHKでも報道され、院長が高級外車で自宅から出かける様子が放映されたのを見て唖然とさせられた。こうした言語道断のケースは別にしても、経営者の報酬と社員の給料の格差に驚かされることがある。もちろん、経営者は、個人資産を出資し、金融機関からの借金の個人保証もしてといったことはあるにしてもバランスが重要ではないか。

企業の将来像を「ありたい姿」と「あるべき姿」のどちらで考えるべきかといった議論がある。某有名コンサルタントは、「あるべきは、制約に縛られすぎるので、ありたい姿を重視すべき。ありたい姿、取るべき方法ではないか」と言う。

一方、私自身は、そうした声がある中でも企業経営では「あるべき姿を意識するべき」だと思う。あまり言葉遊び的になってはいけないので、本章で取り上げた八天堂の森光が辿り着いた結論を元に補足説明したい。

森光が神戸でのパン職人の修行を経て広島県三原市の実家に戻り、パン屋を始めたときは、先代の借金があったものの夢でいっぱいのスタートだった。そして、多店舗化にも成功し、社員の処遇や福利厚生も充実させた。

しかし、それは、森光自身の夢の実現そのものであり、志と言えるものではなかった。そうしたなか、本文でも書いたように、多店舗展開、売上利益向上に走ったあげく、競争環境が厳しくなるなかで業績を維持するために社員に無理をさせたことで、退職する社員やメンタル不調で出社できなくなる社員まで出てきたのである。

森光は今まで、企業の体裁を整えるために、経営理念を掲げていたが、何度、作り直しても腑に落ちなかった理由が分かった気がした。さらに、倒産を覚悟し自殺を考えるまで追い込まれたどん底の状態になってはじめて、自分の夢を追いかけていただけで、社員をはじめとする関係者不在だったことを猛省したのである。こうしたことを経験して、森光自身が人生をかけて、全てを注ぎ込めるような納得のいく経営理念「良い品　良い人　良い会社つくり」が生まれた。そして、自分の夢の実現だけでなく、関係者、地域、社会といった周りにとって必要な会社になろうと心底思い、志に進化させたのである。

現在、森光は、障がい者雇用を目的としたパン工場を千葉につくるなど、社会貢献活動にも力を入れている。志を持って経営をすると、森光の周りに変化が訪れた。応援してくれる人や企業が増えていったのである。最近は大手コンビニをはじめ、コラボしたいといったオファーが相次いでいる。

経営者が「ありたい姿」を持つことは決して悪いことではない。しかし、社員にも「ありたい姿」があり、大げさに言えば、地球環境も含めた利害関係者すべてに、その企業に「あってほしい姿」があるのである。経営者の夢が、周りを窒息させるようなことはあってはならないし、決して「あるべき姿」ではないだろう。

第1章で紹介した他の企業の経営者らも、最初、森光同様、夢（ありたい姿）から始まっている。やがて、企業経営において格闘していく中で、志（あるべき姿）に進化することで応援される企業に成長したのである。

第2章

人として大切なことを考えさせる言葉

「『まっすぐ』な人格が一番、その上にしか人生は続かない」

長年にわたる「まっすぐな姿勢」が関係者からの支持と信頼を育てる

岸田 眞美　ＫＩＳＨＩＤＡグループ　創業者・代表社員

ＫＩＳＨＩＤＡグループは、１９７５年、岸田眞美氏（以下岸田）が大阪市住吉区にて岸田登記測量合同事務所として創業した会社である。現在、ＫＴオフィス司法書士法人・ＫＴオフィス土地家屋調査士法人・株式会社岸田総合事務所と「三位一体」で、土地家屋調査士・司法書士・測量士の連携により、お客様に期待以上の価値を提供することを信条として活動している。

士業の業界は、資格による濃淡はあるものの取得者としての独立志向が強く、人数を抱えて組織になっているところは数多くない。さらに、異なる士業が不動産関連のサービスをワンストップで提供しているところは少ない。

同グループは、創業以来一度として赤字になったことがない優良企業であるが、不動産ワンストップといった顧客価値だけではない。独立志向が高い資格者をまとめて成長した背景には、岸田が創業以来、掲げてきた三つのルール「公正」「正確」「誠実」に象徴される、仕事に関して大切にしてきた価値観、姿勢・生き様が根底にある。

常識破りの営業活動

岸田は、学校を出た後、業務を経験するために勤務した。資格は勤務1年目に取得したが、9年間勤務して30歳で独立、小さな雑居ビルで開業した。

開業して間もなく、世間を勉強するために政治活動をすることにした。政治家との付き合いを広げ、選挙の時には3カ月くらい選挙事務所で仕事をし、世間の人の前でマイクを握り走り回った。たくさんの人と巡り会い、いろいろな話が理解できる人間になりたかったという。今も政治活動は続いている。

当時、士業は法務局の横で店舗を開いての「待ち」の商売だった時代に、大学時代は運動部所属で行動力がある岸田は自ら営業に出向いていった。仕事の話は半分、まずは自分の名前を売ることに努めたという。

営業努力に加え、当時の環境も同社を後押しした。不動産は、賃貸から建て売りそして分譲マンションに広がっていったからだ。当時、金利は7パーセント、住宅ローン10パーセントといった時代で、不動産取引で巨万の富を築いたお客様を横目にしながらも、不動産に手を出さず本業のみに徹した。

やり手の同業者は、銀行の勧めで不動産取引を行ったが、岸田は教員をしていた父親からの「お客様と同じ商売をしてはいけない」という教えをかたくなに守ったのである。

当時、不動産業界は年に1〜2回の取引で食える時代で、いかがわしい人間も多かった。やがて、徐々に法が整備されていった。

どんな相手にも「まっすぐ」接する

岸田は、とにかく人との出会いを大事にした。嘘はつかない。大企業を開拓できたのは、例えば物件を売り出す際、土地の境界の承認が取れない建設予定地に隣接する住民が反対するといった話をまとめるなど、難しい仕事をなんとかやりきる自信があるからだ。しかし、反社会的勢力を使って仕事をしたことは決してない。むしろ、反社会的勢力との付き合いを一切拒絶している。

最近も、岸田の後継者で実子である岸田憲一社長（以下憲一）らは、反社会的勢力を相手とした物件の交渉も真正面から向き合い契約を成立させている。「難しい案件は、岸田事務所に頼め！」となっているから仕事の依頼があるのだ。

岸田には、顧客に「感動」を提供できなければ会社は継続できないという思いがある。平凡な仕事では50年以上続かない、社員が安心して勤務できる組織でなければならない、といった強い思いがあるから、難しい案件にも積極的に取り組んできたのである。

法に触れる可能性がある依頼を受けることはない。市内繁華街は、昔の戦争の爪痕で土地と建物の所有者が違うことが多く、地籍図が現地と相違している。そんな場合でも法務局を巻き込んで本音で話し合い、なんとか解決まで持っていく。その土地にはホテルが建って「三方よし」。これが大阪方式である。

これからも、楽しみながらそして気持ちが折れないように仕事を続けていきたいと思っている。

岸田が過去に苦言を呈してきた担当者は、後に必ずといっていいほど大企業の経営幹部へと出世し、岸田のところに仕事の依頼をしてきたという。「得意先に育てられた」と振り返る岸田の毅然とした対応が、信用につながり、同社を発展させてきたことが分かる。ちなみに岸田は、ある経営幹部が退職して会社と関わりがなくなった後も兄弟のように付き合っていることから、損得では動かないことがうかがえる。

発展を見据えて事業承継

岸田は、「仕事は一つ失敗すると全部なくなる」という理由から、任せられる社員が育たなければ、人を増やさなかった。そして、40代前半の後継者に事業承継すると宣言し、言葉通りに憲一に引き継いだ。空手道部出身の岸田は、「クラブ活動でも卒業前に次のキャプテンを選び交代している。いつまでも先輩が居座ったら組織は発展しない」と言う。

また、士業の仕事の多くがＩＣＴやＡＩに置き換わっていくことが予想されるなか、若い経営者に任せたほうがいいという判断もあったという。

岸田が大切にしてきたことは、社員とその家族の幸せである。昇給のルールをつくりながらも、一人ひとりの家庭の事情に配慮することを情実人事だと感じる人もいるかもしれないが、会社全体を家族と捉えて、困ったときは助け合うのが当たり前の行いだと考えている。

岸田は憲一に事業承継する際、新社長がやりやすいように、自分と一緒にやってきた社員の高い給料を下げて抑えるといったことも行っている。付け加えれば、岸田は会長になって誰よりも給料を下げている。具体的には、新入社員以下の金額である。過去の功績が報酬に反映されてもおかしくないと思うが、岸田はどんなときでもまっすぐだ。

理念はどこまでも「まっすぐ」

今年、若手プロジェクトで1年間検討し、憲一のもとで制定された新しい経営理念は、「まっすぐ」である。オフィススタンダードとして作成された手帳の中には、解説として、「人として、お客様に、取引先に、仲間に、社会に、仕事に、プロとして、過去に、未来にまっすぐ（以下略）」といった解説が書かれている。

ちなみに、「まっすぐ」は岸田の口癖で、同社の組織文化にもなっている。

「**人格が一番、その上にしか人生は続かない。長くお客様をはじめとする関係者から支持される**」

そう語る岸田の「まっすぐ生きる姿勢」が、まさに、長年にわたって信用を積み重ね、一度も赤字を出さずに成長してきた源泉になっているのである。

※「人事マネジメント」２０２０年12月号掲載のまま。

「人は、メンターとアンカーがそろえば、何度でも挑戦できる」

成功率が1パーセントだとしても、100回繰り返せば必ず夢の扉は開く

出雲 充　株式会社ユーグレナ　代表取締役社長

いち早く貧困問題に取り組む

株式会社ユーグレナは東京都港区に本社を置く、代表取締役社長・出雲充氏（以下出雲）により２００５年に設立された東証一部上場会社である。事業内容はユーグレナ等の微細藻類の研究開発、生産、食品・化粧品の製造販売、バイオ燃料技術開発等。

２０１５年に国連サミットで採択されたＳＤＧｓ(Sustainable Development Goals: 持続可能な開発目標）は、その一丁目一番地である「貧困をなくそう」をはじめ、17の目標が設定され、

意識の高い企業は目標達成に向けた取り組みを始めている。しかし同社はSDGsが民間企業や個人を巻き込む以前の、国連や政府が取り組み主体だったMDGs（Millennium Development Goals：ミレニアム開発目標）の時代から貧困問題に取り組んでいる。

例えば、同社が2014年からスタートさせた「ユーグレナGENKIプログラム」は、バングラデシュで栄養問題を抱える子どもたちに、豊富な栄養素を持つユーグレナ入りクッキーを無償で配布している。その数は、1日当たり1万食以上、2020年9月には、ついに累計1000万食を超えた。

第1回日本ベンチャー大賞「内閣総理大臣賞」を受賞している、日本が誇るべき企業なのであるが、出雲が志してから今日までの道のりは、決して平坦ではなくむしろ茨の道であった。

ユーグレナ GENKI プログラム

海外インターンで衝撃を受ける

出雲は典型的な中流家庭で生まれ育った。高校時代の夢は海外に行くことだった。大学に入るとパスポートを取り、1年生の夏休みにバングラデシュに赴いた。同国では北海道の倍ほどしかない小さな国土に1億6000万人が暮らし、そのほとんどが農業従事者。1日の所得が1ドル程度、年収は日本円で3万円ほどといった貧困状況であった。

出雲はグラミンバンク（農家専門銀行の意味）でインターンとして働いた。そこでは、創設者のムハマド・ユヌス氏（のち2006年にノーベル平和賞を受賞）が、マイクロファイナンスといわれる仕組みをつくり、自分の名前も書けない人たちに担保も取らず彼らの年収の1年分に相当する3万円を融資していた。借りた側はそれを元手に農業機械を購入して生産性を高めたり、ヤギを購入しミルクを販売するなどして返済を行う。そうして、900万人の農家の生活基盤がつくられたのである。

また、同国には空腹で困っている子どもはいなかった。十分なお米とカレーがあったからだ。しかしお腹が出て足が細い栄養失調の子どもは大勢いた。なぜなら彼らは新鮮な野菜やたんぱく源にアクセスできず、毎日具のないカレーを食べ続けていたからだ。そのため栄養失調が常態化していた。

出雲はこうした現状を見て、なんとかしたいという気持ちでいっぱいになった。

貧困をなくすため起業を決意

出雲は日本に帰り、微細藻類ユーグレナ（和名・ミドリムシ）の存在を知った。ユーグレナには人間に必要な59種類もの栄養素が豊富に含まれている。

　これで栄養失調の子どもを救えると考え、ユーグレナの培養に挑戦することを決意したのである。しかしユーグレナは食物連鎖の最下層に存在するためいろいろな生物に食べられてしまい、容易に増やすことができなかった。それでも試行錯誤の結果、石垣島で世界初のユーグレナ食用屋外大量培養に成功した。当初、1年で100グラムしかできなかったユーグレナが1年で100トン生産できるようになったのである。

石垣島ユーグレナ

501社目で風向きが変わる

　次に、出雲は開発したユーグレナの商品を取り扱ってもらおうと企業を回った。当初、100社に100回説明すれば1社は買ってくれると予想した。しかし、500社を回ったがすべて断られた。「採用実績のない商品は取り扱えない」というのが、その主な理由だった。

　しかし501社目で出会った伊藤忠商事によって風向きは変わる。出雲は、この会社で最後にしようと精いっぱい説明した。そして伊藤忠商事から採用の連絡が入った。「どこもやっていないから面白い」、採用理由は今までの５００社とは真逆のものだった。

そして同社で採用されると、今まで見向きもしなかった企業が次々と名乗りを上げて、一気に東証一部上場まで果たすほどに成長したのである。

諦めずに続けられた理由

出雲は、成功率が１パーセントであったとしても、１００回繰り返せば約64パーセント成功する、４５９回挑戦したら99パーセント成功する確率があると言う。また「東大出身者だからできたこと、普通の人には参考にならない」と言われることもあるが、これも違うと言い切る。

では、どうしたら諦めずに続けられるのか。

「人は、メンターとアンカーがそろっていれば、何度でも挑戦できる」

そう出雲は言う。

メンターとは、心から信頼できる師匠である。出雲にとってのメンターは、バングラデシュで出会ったムハマド・ユヌス氏である。ユヌス氏は現在81歳であるが、まだ自身の夢を諦めていない。

アンカーとは、それを見るたびに自分の目標を再確認することができる大切な品物である。

出雲にとってのアンカーは、バングラデシュで買ってきた青いＴシャツだ。そのＴシャツは今

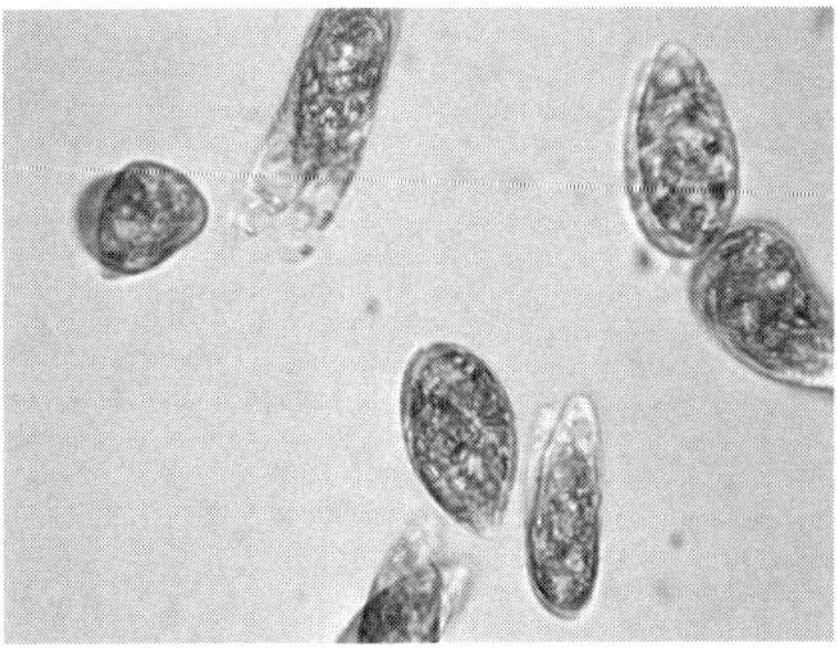
ミドリムシは動物と植物の性質を併せ持つ

もクローゼットの一番目立つところにかかっている。出雲は、そのTシャツを見るたびに、大学1年の夏休みにバングラデシュで目にした光景を思い出し、ミドリムシと一緒に頑張ろうとマインドセットをするのである。

2021年6月4日、ユーグレナ社は、同社製のバイオジェット燃料を使用したフライトに成功した。

出雲をメンターとし、活動のなかでアンカーを手にする若者が次々と現れれば、世界が抱える社会問題の多くが解決されるに違いない。

※「人事マネジメント」2021年8月号掲載のまま。

「知恩報恩——恩を知り、恩に報いる」

人に寄り添い、関係するすべての人を思いやる経営を貫く

小澤 邦比呂
松川電氣株式会社　代表取締役

松川電氣株式会社は、1973年創立。静岡県浜松市に本社を置き、大規模施設・受変電設備・特高受電設備、動力設備・照明設備等、電気・通信設備工事全般を営む会社である。

建設業界は、スーパーゼネコンを頂点とする下請け構造である。重層構造は、バブル崩壊やリーマンショック等で景気が悪化し、事業量が減少することで加速した。建設工事は単一発注であるため、継続的取引ではない。元請けは、正社員は最低限に抑えて、事業の不安定さを外注でカバーするために、重層下請け構造が広がってきた。民間工事では「テン・テン・パー（手付金10パーセント、中間金10パーセント、竣工後80パーセント）といわれる支払い条件、さらに大手物件のなかには、竣工後、半年先といった支払い条件もあり、技術があっても資金力がなければ元請けになれない構造がある。

このように下請けにしわ寄せがいく構造のなかで、同社は、採算の合わない下請けを行わず、直接、顧客からの受注を基本としている。顧客には、うなぎパイの春華堂をはじめ地元有名会社が多く、地域に根付いた活動をしている。そして、「日本でいちばん大切にしたい会社」大賞審査委員会特別賞を受賞するなど、社会性と業績の両面で素晴らしい経営を実現している。

しかし、代表取締役の小澤邦比呂氏（以下小澤）が自身の信念と向き合ったとき、どうしても許せないことがあった。こうした経験を糧にして、いっそう、人を大切にする経営に力を入れてきたのだ。

心ない元請けの要求

以前から取引のあった地元有名企業が、大きな建設物を建てることになった。物件の大きさから、某スーパーゼネコンが元請けになり、その下請けとして松川電氣に依頼があった。

電気工事だけでも2億円はかかる案件であったが、小澤は、元請けの利益も考えて1億6000万円で、社員に徹夜までさせて作成した150枚に及ぶ見積書を提出した。ところが、元請けの担当者は150枚の見積書を開くこともなく、半分の価格を要求したのだ。このとき小澤は、下請けを続けていたのでは社員が「誇り」を持てる仕事ができないと、採算の合わない下請け仕事を行わず、基本的には直接取引にすることを決意したのだ。

3つの健康 ①身体 ②経済 ③心

小澤の経営の基本は、「3つの健康」に凝縮されている。具体的に、同社がやっていることを紹介しよう。

①身体

・人間ドックは40歳以上全社員（パート含む）・社員の奥様・独身者のお母様を対象に、会社負担で受診。

・インフルエンザの予防接種は、全社員（家族・パート含む）・協力会社社員を対象に社内にて接種。

・社員（高齢者）は身体の具合、また社員に寄り添い子育てや介護等のため働き方に配慮（人に合わせる）。

②経済

・定年制を廃止し、高齢になっても1年契約再雇用ではなく希望すればいつまでも働ける。

・65歳等、一定の年齢になって給料が下がる企業が大半のなか、そうしたことはない（実際、77歳で年収約600万円以上といった社員も存在する）。

・休業補償し、休業しても100パーセント給料をそのまま支給。

・育英資金制度を設け、社員が在職中就労不能になり退職した場合、残された遺児の健全な成長を援助するための育英資金を支給。

③心

・仕事にやりがい、働きがい、生きがい、心の充実。

・社員旅行では、社員とその家族、さらには協力会社も同行して、会社全額負担で一流ホテルに宿泊（社員に一流を体感させるため）。

困っている人を助ける

地域貢献・ボランティア活動に年間予算1000万円を計上している。書き損じハガキやエコキャップ、未使用セッケン、タオルを集めて福祉施設に寄贈。被災地復興支援や地域支援、盲導犬育成支援等への募金活動、献血活動。児童福祉施設への童話や絵本の寄贈等、その活動は約40にも及ぶ。

「困っている人がいたらまず助けよう」を行動指針とし、社員には仕事の合間の片手間ではなくすべて出勤扱いとし、有給休暇とは別に7日間のボランティア特別休暇が与えられている。

持続的な善の循環による経営革新

これほど社員に手厚くし、地域にも貢献しながら、受注リスクがある建設業界において発展成長し続けている要因の一つとして、他の電気設備工事会社にはないユニークな取り組みを行っていることが挙げられる。

①現場管理は申し出制

同じ条件の現場が二つとない建設現場の責任者決めは、社員の申し出制で行っている。これは、本人のやる気を最も重視しているためだ。多少、経験不足と思われる場合も、ベテラン社員がサポートする。

②すべての現場をやりきる協力性

複数の工事現場が動いているが、現場によって工程管理をしてもその進捗は異なる。その日の予定が終わらない工事現場へは、予定通り進捗した現場で働く社員がサポートに入る。

③手形はもらっても全て現金支払い

大きな物件になれば今も、同社でも手形を受け取ることがある。しかし、協力会社に負担を回してはいけないと、自社からは絶対に手形は出さない。

同社の強さは、動員力にある。要請があれば土日であろうが年末年始であろうが、社員も協力会社も喜んで現場に出向いてくれる。今まで紹介してきたような、「**恩を知り、恩に報いる**」知恩報恩の取り組みがあるからだ。

私自身、複数の建設会社でコンサルテーションのお手伝いをしてきたが、こうした会社と出合ったことがなく、驚きであった。

人に寄り添う経営

知恩報恩は、自分の存在を知り、生きていくことの意味を知り、すべてに感謝の心を持たなくてはいけないという意味であるが、紹介してきた同社の経営はまさに「**知恩報恩――恩を知り、恩に報いる**」の経営である。

上皇陛下の「国民に寄り添う」というお言葉があるが、小澤は、「人に寄り添う経営」と話す。人に寄り添うとは、相手の心、相手の気持ちに寄り添うということだ。相手の目線に立ち、相手の悩みや苦しみを相手の気持ちになって考え、そして「どうすれば、この人が幸せになるのか？」ということを、自分事として考える。

同社のホームページには、

「**真の幸福とは何か、それは顧客を含め、関係するすべての人が満足し、決して地球環境に負荷を与えないものでなければならない**」

――とあるが、まさに、小澤が行っている経営の判断・意思決定は、社員や協力会社、地域社会に寄り添い、真の幸福とは何かを教えてくれている。

※「人事マネジメント」２０１９年６月号掲載のものに、今回単行本化にあたり一部修正を加えた。

「長年にわたり成功している人は皆、ツイていたと言う」

人間力のある経営者には、学歴や能力よりも感謝の心がある

山本　梁介
株式会社スーパーホテル　会長

株式会社スーパーホテルは、１９９６年に博多に第1号店を竣工。２０２３年8月現在、国内１７２店舗、海外ではミャンマー・ティラワの1店舗を展開するホテルである。同社は、第９回「日本でいちばん大切にしたい会社」大賞ほか数多くの経営賞を受賞。ジェイ・ディー・パワー社の実施している顧客満足度調査においても、正規客室料金９０００円未満部門でのナンバーワンを継続する超優良企業である。

同社は、徹底されたＩＴ化等によるコスト削減により、前払いで1泊朝食付きでリーズナブルな料金を設定している。フロントは、7～10時、15～24時の運営時間以外は対応していない。

また、他の複数店舗を展開するホテルではフランチャイズが多いが、同ホテルでは、基本的には夫婦もしくはペアの方に業務委託する制度である。稼働率は90パーセント以上、リピート率も70パーセント以上と驚異的な実績である。

通常のホテルが、来店時「いらっしゃいませ」、退出時「ありがとうございました」と受け応えをするなか、同ホテルでは、来店時「おかえりなさい」、退出時「いってらっしゃい」と、お客様との会話では家族に対する言葉が日常的に交わされている。このことは、同ホテルが海外旅行のインバウンド客といった一見客ではなく、第2の我が家をめざし、常連客を大切にしている象徴的な会話だ。

このように独自の特徴があり、抜群の業績を誇る同社ではあるが、創業者で現会長である山本梁介氏（以下山本）の半生は、まさに茨の道であり、同ホテルを開業したのは、お返しの人生ともいわれる50歳を越えてからである。

「生き金・死に金」の掛け算経営

大阪・船場の繊維商社の三代目として生まれた山本は、幼い頃より、「生き金・死に金」という考え方を母親から聞かされた。無駄なお金は1銭でも惜しむが、必要なお金は身銭を切ってでも使うという考え方だ。山本が「1円当たりの顧客満足度№1」をめざす背景になっている。

●「生き金」の取り組み――コンセプトを明確にし徹底的にこだわる

1．眠れなかったら宿泊料金返却

同ホテルの創業時からの一貫したコンセプトは、「安全・清潔・ぐっすり眠れる」である。山本が事業を始める際、「ぐっすりと眠れる」ことにこだわったホテルはなかった。山本は良質な眠りを提供すれば顧客は必ず満足すると確信したという。大きめのベッドに、枕は硬さ・高さ・素材の異なる8種類をロビーに設置して選べるようにした。部屋は、外壁・隔壁は防音設計、扉はゴムパッキンで外からの音を遮断。冷蔵庫は静音仕様といった徹底ぶりである。そして、「ぐっすり眠れなければ代金返却」を宣言している。

2．天然温泉・大浴場を設置

山本は、ドイツで炭酸泉による血管拡張作用を壊疽《えそ》の治療につなげるなど温泉《スパ》をうまく活用していることを知り、温泉付きの店舗を増やしていった。客室が多い大店舗では温泉を掘り、小さな店舗では、大浴場にして人工の高濃度炭酸水を使った。

3．健康イオン水、健康朝食の提供

健康維持やリラクゼーションの効果が検証され世界8カ国で特許取得している「ＭＩＣＡ加工」を、バスの水や飲み水として使用。また、有機野菜などをふんだんに使った朝食を提供している。

●「死に金」排除の取り組み――100人に1人のサービスはやめる

1．ノーキー・ノーチェックアウト

業界の常識を覆したシステム。ロビー設置の自動チェックイン機で宿泊料を支払う。客室のドアは番号キーに暗証番号を入力して入室。チェックアウトも不要にした。

2．客室の電話を撤去

携帯電話が普及しているため、客室の固定電話をなくした。このことで初期設置費用だけでなく、電話代の精算などのオペレーションが発生せず、ランニングコストの低減につながっている。

他にも、温泉の設置はお客様の満足度を高めるとともに部屋の浴槽清掃の手間の削減につながるなど、「生き金・死に金」哲学による大胆な取り組みは、まさに掛け算の経営になっているのだ。

マニュアルよりも感動を重視

山本がよく口にするのは、「自律型感動人間」である。低料金であっても、山本が求めるサービスレベルは、「ここまでしてくれるのか?・」という、満足を超えた感動だ。マニュアルで感動は実現できないばかりか柔軟な対応もできない。どうすればお客様に喜んでもらえるのかを自分の頭で考えて行動し、お客様の喜びを自分の喜びとして受け止めることができる人間を、山本は「自律型感動人間」と呼んでいる。

私が以前スーパーホテルに連泊した際、部屋の清掃不要のシートをドアノブに掛け、浴衣だけ袋に入れて廊下に出したことがある。その時、浴衣の帯は連続して使うということを知らずに一緒に出し、2日目に仕事を終えて部屋に帰った際、浴衣を着て帯がないことに気付いてはたと困ってしまった。そして、「帯を連続して使ってほしいなら伝えてほしい」と指摘したところ、通常なら、次回から気をつけますと言われるだけだが、次の朝、長文のお詫びの文章がドアノブに掛けてあり、ここまでやるのか？と驚いたことがある。

成功経営者からの気付き

山本は、1942年東京の繊維商社「日比谷商店」と双璧といわれた「山重商店」の三代目で、関西弁で言うところの「ぼん」として生まれた。しかし、終戦により資産をすべて没収され、会社規模は一気に縮小した。山本は慶応大学を卒業後、大阪の繊維商社「蝶理」に3年間勤めた後、父親の体調不全もあり、25歳で社長に就任した。

家族的な雰囲気であった山重は、山本には旧態依然としか見えず、近代的な効率経営を導入した。しかし、古参の社員からは、まだ若い「ぼん」の言うことに取り合ってもらえず反発された。山本は、家業を継いでわずか４年で会社を畳まざるをえなくなったのだ。山重の暖簾を失った後気付いたことは、青臭い経営論など「人生という名の大学」において何の役にも立たないことだった。そこで、山本は、１年間に約80人もの成功している経営者を訪ねて回った。

すると、成功している人からは口をそろえて「ツイていた」と返ってきた。そして、彼らの特徴は、ピンチの時に嘆くのではなく、感性豊かでアイデアがひらめくことだった。さらに、笑顔が素敵で人間的な魅力が感じられた。

つまり、ツイていたと言う経営者は、困った時にも人から助けてもらえる人間力があり、決して能力が高いだけではないと気付いたという。そして、人間力がある人は皆、感謝の心がある。この気付きが、「自律型感動人間」という人間観につながっているのだ。

こうした数多くの苦難を乗り越えて「人生という名の大学」で学んだことが、山本の現在の経営に活かされ、多くの顧客や関係者に支持されているに違いない。

※「人事マネジメント」２０２０年４月号掲載のものに、今回単行本化にあたり一部修正を加えた。

「いつまでも覚えている手はあったかい」

人に尽くしてすぐ忘れる手、人からの恩をずっと忘れない手は温かい

小島 澄人
柿の実幼稚園 園長

柿の実幼稚園は、川崎市麻生区に所在し、敷地面積は広大で1万坪、園児は約800名、先生の数も180名という全国最大規模の幼稚園である。この幼稚園の特筆すべき点は、多様な障がいのある園児が約200名、在園していることだ。障がいを理由に他の幼稚園を断られた子どもらが、全国から集まっているのだ。現在の園舎がある場所は、1962年の開設当時は麦や野菜を作っていた畑だった。現園長・小島澄人氏（以下小島）の奥様の小島敦子氏と義父の小島一也氏が一緒に汗を流して開拓。周りに民家がない畑の真ん中にポツンと建てられた86坪の園舎でのスタートだった。

柿の実幼稚園（以下柿の実）の名前は、所在の柿生地区に教育が実るようにという思いと、一也の母親の実子の実を合わせてつけられた。高校教師をしていた小島は、一也の娘婿として

柿の実の仕事に加わることになった。開園時は88名でスタートしたが、１９７１年からのベビーブームがあり、涙を飲んで１００～２００人を落とすという状況になっていった。小島は当時から、障がいがあり困っている子どもを優先して入園させようとしたという。

そして、一人でも多く柿の実を必要としている子どもを入れたいという思いから、放置されている山林を自ら開拓して敷地を広げていったのである。金銭的にも余裕がなかったことから、業者に依頼するのではなく、女性の保育士や地元の方にも協力を仰いで開墾した。何百本の木を伐り出し、また小田急電鉄が処理に困っていた線路の枕木をもらい受け、階段や設備に利用した。果樹も数多く植えた。

小島は、季節ごとに木から果物をもいで食べる経験を園児に味わわせたいと、園内には柿だけでなく、様々な果樹35種類以上、さくらんぼ、ブルーベリー、ミカン、梨、プラムまである。水田づくりも行い、どろんこ遊びは年中行事である。稲刈りも園児が行い、稲を乾燥させて脱穀、精米所に持っていく、餅米ができたら餅つきといった具合だ。小島が、山林を切り拓いて広大な幼稚園をつくった背景には、子どもの頃の自身の経験が大きく影響している。

父親に倣い自然の中で学ばせたい

長崎県の五島列島の最先端、世界遺産になっている隠れキリシタンの島である新上五島の仲地で生まれた。小島の父親は小学校の教員をしていたが、五島列島の中で、島から海をまたいでの転勤があり小島も都度一緒に異動していた。

そんななか、小島が4歳になった時、叔父の家に預けられて離れて暮らすことになった。理由は、五島のすべてに保育園がなく、幼児教育を受けさせたいという小島の父親の思いがあったからだ。

小学生時代の小島は、山登り、海で泳ぐ、木登りなど、自然の中で思いっ切り遊んだ。日常だけでなく、授業においても自然に触れる機会が多かった。教員である小島の父親が、海での釣りや山の散策といった自然の中での授業を取り入れたからだ。

そうした生い立ちがある小島が柿の実学園に入り、幼児教育をしていた時、同じ川崎市の江川幼稚園を訪ねると、水槽に土を入れてサツマイモの栽培をするなど、限られたスペースの中でも園児が自然に触れられるようにと工夫していた。それを見て、ますます子どもの頃の父親の授業への思いが強く響くようになり、街なかでも自然の中での教育をめざしたのだ。

また、転校しながら新しい人と触れ合い、ときには子ども同士で助け合い、ときには喧嘩をしながら育った小島は、周りを巻き込むことが大好きで、その体験を柿の実学園の取り組みに反映している。

園児の保護者と話すと、サッカーや体操をはじめ、絵画やピアノ教室などさまざまな教室のニーズがあり、モダンダンス、空手など約30もの習い事を、地域の人や保護者が受けられる教室を設けている。各教室の先生は園児の保護者だ。800人も園児がいると、さまざまな職業や特技を持つ保護者がいて、どんな教室を始めても必ず指導役がいるという。まさに、「だれが生徒か　先生か」の歌詞にあるような「めだかの学校」だ。保護者は子どもが幼稚園にいる間に習い事ができ、教室の受講料は園の経営に貢献している。

感動にあふれた秋の大運動会

10月には晴天のもと毎年恒例の大運動会が行われる。園児だけでも800人、父母や祖父母を入れると少なく見積もっても3000人以上になる。さすがにそれだけ入る運動場はないので、2回に分けて行われる。

クライマックスの、障がい児も健常児もごちゃ混ぜのリレーの様子は圧巻だ。障がいのある子どもの走り方はさまざまである。車いすで半周回って後は歩く子、最初から少しずつ歩いて頑張って1周する子、誰かと手をつないで走る子、半周回って、次の友達にバトンを渡す子。リレーは3周半で、大差がつくこともある。まさに、何が起きるか予想できないハラハラドキドキのリレーだ。

障がいがある子がいるから、私たちも負けないように諦めないで頑張る、何かあったらお互いに助け合う、といったことが自然に行われている。こうした過程は、健常児が、障がいがある子の実力や苦手なことへの理解を深める最高の機会であり、力を合わせることの大切さを体験するチャンスが詰まったリレーなのである。

毎朝、園児800人と握手

小島が園長になってから、雨の日も風の日も猛暑の日も極寒の日も続けているのが、毎朝幼稚園の正門の前に立ち、通ってくる800人以上の園児を迎えての握手だ。実は10日間だけ握手を中断したことがある。脳梗塞で倒れたからだ。

まだ後遺症が残っているものの歩けるようになったからと、医者から止められたにもかかわらず、区から頼まれた障がい児の保護者を対象にした講演があると無理を言って一時外出の許可をもらった。言葉がスラスラ出ないため普段よりもゆっくりとした講演を行った後、なんと病院に戻らず柿の実に帰ってしまったのである。

そして、10日ぶりに日課である園児のお迎えを再開するのだが、右足が動かず、声が喉にひっかかる、立っていてもめまいが激しいという状態のなか、いつものように800人以上の園児が園の中に入るまで門に立ち続けたのである。小島にとっては、子どもとの握手が最高のリハビリになると同時に、「自分は子どもたちに生かされている」と心から感じた瞬間だという。

「与えてすぐ忘れる手、受けていつまでも覚えている手、どちらもあったかい」

小島が幼稚園の先生、保護者、子どもたちによく話す言葉だ。人に何かを与えて、恩着せがましくするところにいざこざが始まる。「何かを与えたらすぐ忘れてしまう手は温かいし、人から受けた恩をいつまでもありがたいと思っている手も温かい」といった意味だ。

脳梗塞で倒れた後、今でも毎朝握手を続けている小島の手は、園児にとって「いつまでも覚えている温かい手」に違いない。

※「人事マネジメント」2021年1月号掲載のまま。

「会社は、お金を稼ぐだけでなく、人生が育まれる場」

売上・利益よりもまず関係者や地域社会への貢献を追求していく

卯月 靖也
株式会社グッディーホーム　代表取締役

株式会社グッディーホームは、東京都武蔵野市に本社を置き、三鷹市、杉並区に拠点を持ち、社員数46名、2004年に設立された地域密着のリフォーム会社である。「街の住医」「住まいの未来をお任せください」をコンセプトに、大きな工事だけでなく、小さな工事も積極的に引き受ける。地域の祭りへの参加、クリスマス会の開催等、さまざまなイベントを通して地域の交流を行うなど、地域に根付いた活動を大切にしている。

また、ご縁をいただいたお客様とは一生のお付き合いを続けていくことを大切にしているために、リピート率にこだわり80パーセントを誇っている。リピート率は、営業・事務・工事等のすべてのプロセスでお客様に満足をいただかないと上がらない。そのため、お客様満足度アンケートを重視し、結果、満足度は99パーセントにもなっている。リフォーム業はクレームが多いと巷間いわれるなかで、同社のリピート率や満足度は驚きの数字である。

表彰実績も、２０１７年ＴＤＹリモデルスマイル作品コンテスト全国最優秀賞をはじめ、２００９年以降、毎年上位入賞するなど、リフォームの品質も抜群である。また、２０２２年には、「日本でいちばん大切にしたい会社」大賞審査委員会特別賞を受賞。このように、今でこそ同社はリフォーム業界においても一目置かれる会社に成長したのであるが、最初から順風満帆だったわけではない。また、代表取締役の卯月靖也氏（以下卯月）は、元々上場会社に勤めていて、自分で起業する予定もなかったのである。

先輩に背中を押されて起業

卯月は、大学を卒業した後、大手工務店に就職した。その会社の取締役営業本部長だったのが、現在、株式会社さくら住宅相談役の二宮生憲氏（以下二宮）である。当時は、「鬼の二宮」といわれ、新入社員の卯月が近付けるような存在ではなかったという。その二宮が、幹部間の意見の違いから退職することになった。その後、二宮を追いかけたわけではないが、卯月も環境を変えようと退職したのである。その際、先に会社を設立していた二宮のところにあいさつに行ったことが、卯月の運命を変えることになった。

卯月は二宮のところに入社しようと思ったわけではなく、東証一部上場会社である物流大手に転職したのである。その後、卯月に二宮からたびたび連絡が入った。二宮からは、「リフォームだったらできる。あなたは、人から給料をもらったらダメだ。起業したほうがいい」と、強い口調で言われたという。卯月は、母方の祖父が建設業を営んでおり、幼い頃、自分が後を継ぐかもしれないと感じていたことを思い返した。

二宮はさらに「有限会社ではなく株式会社でないとダメだ、資本金1000万振り込んでおくから」と言って、二宮の友人にも声をかけてくれたという。こうして、卯月自身の出資金を加えた1000万円を資本金に、株式会社としてスタートを切ったのである。

野心家商売の方針を転換

卯月をはじめ工務店時代の同期にも声をかけての3人の創業で、最初の頃は業績も良かったが、その後、転機を迎えることになる。創業メンバーの一人が辞めたいと言ってきたのだ。

その少し前まで、卯月自身は野心家で、商売は勝ち負けだと思っていた。そのため、とにかく売上・利益を上げることに注力した。しかし、売上を追求しようとすればするほど、忙しくなり問題も起きたのである。

卯月は、自分自身が何のためにリフォーム会社をやっているのかという理念がなく、単に売上・利益を追いかけていたことに気付いた。そして、二宮の影響もあり、「売上・利益よりも、関係者や地域社会への貢献」と言いだしたことで価値観の相違が生じ、創業メンバーの一人が退社することにつながった。それでも卯月は、冒頭に紹介した、現在の「地域に密着したリフォーム会社」へと大きく舵を切ったわけである。

社内結婚で経営の喜びを実感

商売のやり方を大きく変えたことが、好循環を生むことになった。以前はなんとか受注しようとしていたが、他のリフォーム会社と相見積になるようなときにも、安いからよそで買うといったお客様を追うことをせず、総合的に満足いただけると判断する選択受注に転換したのだ。このことで、受注率は急激に上がっていった。さらに、リピートが８割を超えると無駄な業務もなくなり、結果的に時短にもつながっていったのである。

卯月は、会社経営を続け、社員と接するなかで、人が成長するところに立ち会うことは楽しいと感じるようになっていった。そこで、起業10年目にして新卒採用に踏み切った。採用媒体に広告を出し、社員数が22名のときに５人の新入社員を採用したのである。その後も毎年、採用を重ねていった。

当時、二宮からは、人件費もかかり面倒をみるのも大変なので、採用をある程度控えたほうがいいという忠告もあったが、卯月は、採用を抑えることをせず継続したのである。卯月自身も経営者として、経営数字も当然頭にあったが、せっかく応募してきてくれた学生を他社で働かせたくないという思いがあったからだ。

その後、卯月が採用を続けて本当によかったと思う瞬間があった。入社した社員同士が結婚したのである。一緒に創業した櫻田桂嗣氏（現常務）と二人で「グッディーホームをつくって本当によかった！」と話したという。その後、その社員が出産で休んだ後、復帰できる制度も充実させた。卯月は、社員から「出産後に戻れる場所があるのは幸せ」と言われてうれしかったという。

コミュニティの場として

また、新規採用に加え、高齢者の採用も行うようになった。建設会社などに勤務して定年退職した後の再就職で、70歳の社員である。当初、求めていた職種とは違ったが、面接とその後のやり取りで誠実で真面目な性格を感じて採用することにしたのだ。この社員のエピソードは感動的である。

2020年春。新型コロナウイルスの流行によってお客様への訪問ができなくなり、リフォーム工事はほぼ停止し、社員は２カ月近く自宅待機となった。しかし、会社として社員全員に給与を満額振り込んでいると、ゴールデンウィーク明けに、採用した高齢の社員が出社してきて卯月に手紙を渡したのである。手紙の内容は、「会社が大変な時期に、自宅待機になっているにもかかわらず満額の給与をいただいて本当に申し訳ないので、一部返します」というもので、紙幣も同封されていた。卯月は、この社員の会社への思いに心を打たれ、涙をこらえるのに必死だったという。

こうした社員とのやりとりのなかで、卯月は、

「会社というのは、単に、お金を儲ける場だけでない。会社は、人生の多くの時間を一緒に過ごし、社員をはじめとする関係者のコミュニティの場であり、人生を育む場である」

そう感じ、経営者としての責任の重さを再認識したのである。

※「人事マネジメント」２０２１年９月号掲載のものに、今回単行本化にあたり一部修正を加えた。

「間違っていることを正すことは、生きている証」

固い信念と思いやりで「Iの経営からWEの経営へ」変革を続ける

井村　優
株式会社イムラ（旧 株式会社イムラ封筒）代表取締役社長

株式会社イムラは、１９１８年に荷札の製造販売業者として奈良県で創業。１９３７（昭和12）年に封筒の製造販売に進出し、いち早く機械化による量産化を敢行。製造機を自社で開発・改良するなど高い技術力と圧倒的な生産力によってオーダーメイド封筒の業界をリードしてきた企業である。年商２００億円強、約９００名の社員を抱える企業として業界で唯一の上場企業である。同社は大阪に本社を置き、全国各地の拠点や工場で、企画・製造から封入・発送のメーリングサービスまでを受注している。

私たちの身近なところでは、１９６０年に開発した「プラ窓封筒」がある。プラ窓封筒は、自治体等からの郵送物に使われ、宛名部分が半透明になった窓付き封筒のことだ。封入物に印字された宛名を窓から表示させることができるため、誤封入の防止による情報保護や、宛名印字が不要になることによるコストカットにもつながる。これが行政や銀行など多くの顧客を得るきっかけとなって同社の成長に寄与し、現在、プラ窓封筒を含めた「窓付き封筒」の生産量は5割を超えるシェアを誇っている。

その他、ミシン目加工、点字加工、水に強い防水ラミネート加工などの工夫がなされた封筒は、同社の開発力と創造力によるものである。このように、業界のリーディングカンパニーであるが、100年の歴史において、決して順調というわけではなかった。現在五代目社長である井村優代表取締役社長（以下井村）が入社した当時は、社員の問題意識も低く、受け身的な体質だったという。

トップダウン経営の行き詰まり

井村は、日興証券に勤めた後、1993年に同社に入社し、工場の資材管理係に着任した。そこで井村がショックを受けたのは、倉庫に山積みとなった使われない原紙が、数カ月経って当たり前のように古紙回収業者へ仕入価格の10分の1以下の価格で捨てられていたことだ。金額にして年間およそ1500万円以上である。井村が上申すると、「今儲かっている、余計なことを言うと嫌われるぞ」といった返答を受け困惑したという。

こうした状況は、徐々に業績に影響を与えることになる。上場した2000年度は売上271億円、営業利益15億円超であったが、その後、長期低落のトレンドとなった。もちろん、デジタル化の進展による封筒の需要減や、請求書やダイレクトメール（DM）のハガキ化など封筒を使っていた顧客が割安なハガキへシフトしたこともあったが、こうした環境変化に対しても、トップ主導の経営のなかで社員が自分で考える意識が薄れていたからだ。

井村は、トップ主導での経営は100名が限界、また性善説で進められるのも社長が社員全員を認識できる100名までと考える。

やがて、井村は2001年に後継者候補として役員になり、会社全体のことを考えて提案することも多くあったが、これまでの風土のなかではなかなか提案が通らない。オーナー企業的なトップダウンの体質のなかでは、井村が役員になったといえども社長の意見は絶対だったからだ。井村は、悶々とした日々を送るなかで2003年に体調を崩し、心療内科に1年通うことになる。「自分が活躍する場はこの会社にない」と、気持ちが後ろ向きになったこともあったという。

その後も業績低迷が続き、2011年度は売上が212億円と上場時から60億円近くも減り、上場以後で実質3期連続の赤字で、社員のボーナスも半分に減らさざるをえない状況にまで至った。業績が全く回復しない中、2013年、社長を任されることになった。

別に社長になりたいとは微塵も思わなかったが、ここで引き受けるのが神のお告げであるように感じた。ようやく井村自身が思い描いた組織にできると心は弾んだが、長年かかってでき上がった組織文化を変えることは容易ではなかった。社員には、表面的には反対されない立場になっても、実際の協力を得られるまでの道のりは遠く感じる日々が続いたという。

率先垂範のリーダーシップ

井村が社長になってやったことは、自らが範を示したことである。社長車を廃止、新幹線や飛行機は普通席にし、自ら1円単位でコスト削減に努めた。また社長になってから3〜4年、1年365日のうち330日以上も会社に出勤した。ときには、連続47日出勤をしたこともある。

しかし、井村は全く疲れなかったという。なぜなら社長になる前から、こうしたら会社がもっと良くなるといったプランが数多くあったからだ。そして、自分が考えたことが一つひとつ現実になっていくことが楽しくて仕方がなかったのだ。井村は、自ら実践してコストダウンに取り組み、また、顧客視点からの新商品開発、人事制度、本社の移転などのさまざまな改革を行い、収益を改善させていった。

一方、こうした改革についていくことができず、変わりたくないと抵抗した社員もいた。また、抵抗していた幹部や社員が退職することもあったが、会社全体のためになることについては、井村は一切譲らなかった。

経営者としての井村優の考え方には、二・二六事件の青年将校安田優《ゆたか》のＤＮＡが流れているからではないか。井村優の母親は、熊本県天草で４００年続いたお寺の娘さんで、10人きょうだいの末っ子。上から2番目の兄が安田優である。安田優は正義感が強く、軍隊で赴任した旭川の駐屯地の外では女性が身体を売って生計を立てなければならない現状を憂い、日本を変えたいと行動したのである。安田優と同様に、井村優にも、会社を変えたいという強い思いが、前述のような入社以来の行動の背景にあったに違いない。

自分より優秀な人材を招聘

社長としての率先垂範や経営改革以外に、井村が行ったのは、自分より優秀だと思う幹部を外部から招聘したことだ。三井物産で活躍した瀧口副社長をはじめ、日興証券の元専務や役員、日本航空の本部長（女性）をイムラの監査役、社外取締役といった役職に就けガバナンスを強化した。自分より優秀な人を集めることは、井村自身も社内外から経営能力が比較されることになり、場合によっては社長の能力不足が露呈する可能性もある。しかし、こうしたことが、井村が描いた上場会社のあるべき姿であり、成長する最短ルートだと考える。

井村は、経営をするには心理学が重要だと言う。何をするにも、社員をはじめとした関係者がどう思うのか、全員が気持ちよく仕事ができているのか、一部の人だけが気持ちがいいという状況になっていないか、といったことを絶えず気にかけている。

井村がインタビューで発した、

「間違っていることを正すことは、生きている証」

――との言葉に表れている固い信念と、社員を思いやる心の両面によって、会社は井村がめざす**「Iの経営からWEの経営へ」**と変革を遂げたのである。

※「人事マネジメント」２０２０年10月号掲載のものに、今回単行本化にあたり一部修正を加えた。

「精神障がいは社会のなかでこそ治っていく」

働くことが心の病《やまい》の薬になる

森越 まや 株式会社ラグーナ出版 代表取締役会長

株式会社ラグーナ出版は、精神保健福祉士の川畑善博氏（代表取締役社長、以下川畑）と精神科医の森越まや氏（代表取締役会長、以下森越）が鹿児島市の精神科病院に勤務していた2006年、デイケアの患者らと共につくる文芸誌「シナプスの笑い」を創刊したことが始まりだ。同年からNPO法人「精神をつなぐ・ラグーナ」として活動し、2008年会社設立に至った。「シナプスの笑い」は、病気の体験を言葉にして力に変える志で、患者からの投稿を募り、医療スタッフと入院・通院患者が協力して刊行した。その後、この活動を「仕事」とするためにラグーナ出版を設立したのである。

精神科医を志す

森越は、父親が病院を開業した種子島の自然のなかで育った。父の影響もあり森越は医師をめざすようになるが、高校生の頃、精神科に興味を持ちその勉強を始めた。理由は、精神疾患の患者に接して、森越自身が「精神や心の病気になってしまったら、耐えられない」と感じたからだ。精神疾患をもつ人の力になりたいと、大学では精神科を専攻した。

大学卒業後、医局で６年間の研修を経て、関東医療少年院に精神科医として入職した。医療少年院で３年間勤務後、一時期鹿児島に戻り病院勤務。その後、障がい者の作業所で働くためにイギリスに渡り、帰国後、沖縄で３年半精神科病院に勤務した。働くなかで病院中心の精神医療や制度に苦しさを感じていた森越は２００３年から約２年間、１９７８年制定の法律で国立のすべての精神科病院を閉じるに至ったイタリアに渡り、そこで、多くの働く障がい者の存在や、ラグーナ出版設立のきっかけとなった小さな出版社を知ることになる。

衝撃的な精神科医療の現場

川畑は、地元の高校を卒業後、憧れの東京の大学に通うも、入学してすぐに休学してしまう。思春期特有の悩みで、人とのコミュニケーションを拒絶して部屋に引きこもり、独りで、他者と向き合うことについて考え続け、哲学や精神医学、心理学の本を読みあさった。1年休学したために5年間で大学を卒業後、進学塾の講師となった。

その後、本づくりに関わりたいと出版社に転職した。6年ほど勤めた後、父親の他界により母親の面倒を見るために鹿児島に戻ることになる。地元で就職先を探していた際、偶然、求人広告を見て応募し、森越が勤める精神科病院に採用されたのである。

精神科とは無縁の仕事をしてきた川畑にとって、現場は想像とは全く異なる状況だった。鍵を掛けられた部屋で、服は汚れたまま、独り言を言いながら一日中廊下を行ったり来たりの繰り返し、そんな患者の姿に驚いたのだ。

当時の精神科医療は、収容型の管理体制のなか、朝から夜まで、タバコ・おやつ・外出などの詳細なスケジュールが組まれ、自由が制限されていた。

「こんな職場にはいられない」と退職も考えた川畑だったが、唯一、患者からの感謝の言葉が支えであった。身体の世話や入浴の介助などを熱心に行うと、一般の人からはなかなか聞かれないような温かいお礼を言われたことで、気持ちが折れずに勤務し続けられたのである。

竜人との運命的な出会い

ある時、入院中の一人の男性が川畑に声をかけたのをきっかけに、交流が始まった。竜人《りゅうと》（筆名）である。竜人は、地元の新聞販売所で働いていた時に、先輩から「おまえはダメなやつだ！」と罵られたことをきっかけに統合失調症を発症した。

川畑は、竜人と文学の話になり、竜人が当時書いていた手書きのメモやノートを読む機会があった。川畑は当初、竜人が書いていた「霊界大戦」という名のノートをフィクションだと思っていたが、現実であると言われ、竜人が時々泣いている理由を初めて理解したのである。川畑は、竜人と同じような多くの人に何かをしたいという思いを、強く意識するようになっていった。

森越と川畑、さらに竜人の出会いは、偶然ではなかったかもしれない。森越の精神科医としての経験やイタリアのフィレンツェの小さな出版社への憧れ、川畑自身の引きこもりの経験と出版社での勤務経験、竜人の精神疾患と自身の体験の執筆が、重なり合ったのだ。川畑は病院を退職し、森越と竜人と本づくりを始めたのである。

「精神障がい者を社会復帰させたい」二人の思いが一致

森越も川畑も自身の経験から、精神障がいは、病院といった閉ざされた場所にいては治らない、社会で活動すること、とりわけ働くことが最も効果的な治療であると確信していた。森越は、精神科医としての経験から、精神障がいの治療においては、医療者が患者と共に生き、対話を重視すれば薬の使用は少なくて済むという信念を持っている。

こうした背景から、ラグーナ出版の設立は、精神障がいを発症した人たちと共に「働く場所を共有する」位置付けになっている。ラグーナ出版の設立に当たっての資本金の大半は、森越が出資した。当初の仕事は、障害者自立支援法（現・障害者総合支援法）に基づく就労継続支援A型事業で、4カ月に1回「シナプスの笑い」を出すことと、病院から依頼された広報誌の作成だったが、最大の目的は、患者らと働く場をつくることだったのである。

現在、ラグーナ出版では、2名の役員、11名のスタッフ、そして32名の障がいを持つ人が働いている。年齢は20～60代、ほとんどが鹿児島市やその近辺から通っており、仕事のために引っ越してきた人もいる。勤務時間は1日3時間から7時間、出勤日も週2日から5日とそれぞれである。

ラグーナ出版で働く人は、製本や文房具製造などの制作部、編集とデザインの編集部、営業部、経理事務部に属し、それぞれに役割を担っているが、一般の会社と異なるのは、本人の希望と強みを優先することである。配属は強みを見出す機会として機能しており、仕事量は「余裕感」に応じて徐々に増えていく。一般就労へ進む人もいる。

真のD&Iを理解し実践しよう

ダイバーシティ（多様性）は、ビジネスに当てはめると多様な人財を生かすことであり、インクルージョン（包括・包含）では、多様な人財を包み込むことの重要性がいわれている。確かに、障がい者を施設に隔離するという時代から比べれば、確実に変わってきていることは感じる。一方、約355万人の労働人口としての精神科患者のうち、実際に就労できているのは50万人弱であり、300万人以上は働く機会がないのが現状だ。

森越が言う「**精神障がいは社会のなかでこそ治っていく**」という経験知を、多くの企業が、言葉だけに留まらず理解し実践することで、森越、川畑の思い描いた社会の実現につながることを願ってやまない。

※「人事マネジメント」2022年2月号掲載のものに、今回単行本化にあたり一部修正を加えた。

第2章まとめ

今や、「いい会社」の代名詞になっている伊那食品工業では、新入社員が入ると、同社が作った100年カレンダーに命日を予想して記入される。「このカレンダーの中には、必ず、あなたの命日がある」「日々、死に向かって近づいている」ことを認識させるためだ。

私が学生時代に読んだ池波正太郎の著書『男の作法』には、「男は何で自分を磨くか。人間は死ぬという事実をできるだけ若いことから意識させることに尽きる。そう思えば、おのずと目の色が変わってくる。～中略～逆に言えば、人間は死ぬんだということを忘れている限り、その人の一生はいたずらに空転することになる」とある。

アップル創業者スティーブジョブスは、米スタンフォード大学の卒業式で行った伝説のスピーチの中で、「『もし今日が最後の日だとしても、今からやろうとしていたことをするだろうか』と。『違う』という答えが何日も続くようなら、ちょっと生き方を見直せということです」と語った。

つまり、死を意識するということは、自分に与えられた限られた時間の中で、「人として、どう生きるか、なぜ、生きるのか、どう働くか、なぜ、働くか」と向き合うことに他ならない。

第2章で紹介した経営者に限らず、大きな困難を乗り越えてきた経験がある人に共通しているのは、普遍的に重要なことを自覚し実践している。

100年カレンダーを作成した伊那食品工業の中興の祖、塚越寛は、「どんなに有名になっても、お金を貯めても、世代が変われば忘れられてしまう。また、死んだら終わりだ。そんなものに固執することが、いかに愚かなことか、少し考えればわかる」と語った。

「未練はあるが、悔いは無い」は、高木良の小説『生命燃ゆ』の主人公の名台詞であり、映画化もされた。主役の渡哲也は、「俺はどんなことでも常に全力でやってきた。だから未練はあるが悔いはない」と言った。昭和と働き方が変わった令和の時代であっても、仕事を一所懸命にやって人に喜んでもらう。家族と友達、会社であれば、社員をはじめ、関わりがあった人を大切にしてきたと思えたら、素晴らしい人生に違いない。

坂本光司氏は、「経営判断は、損か得かではなく、正しいか正しくないか、自然か不自然かで行わなければならない」という。

そして、世界共通で時代を超えた価値観は、「公平、公正、正義、勇気、忍耐、努力、親切、思いやり、謙虚」というような言葉であらわされるだろう。

経営は、「ヒト・モノ・カネ」といわれるが、最初にヒトが来るのは、経営は、人間が人間を相手に行う営みだからだ。そして、企業経営で為すべきこと、あるいは、してはならないことも、人間としての根源的な規範に外れたものであるはずがない。

人としての原理原則から外れた、あるいは、原理原則を無視したり軽視した経営は、長く繁栄することができない。このことは、不祥事により記者会見を開いて、頭を下げる経営者の姿を見るたびに思い知らされる。

そして、逆に、「人として大切にすべきことを大切にする経営」を実践してきた経営者には、まるで、この世に神様がいるように、ご褒美が訪れる。なぜなら、周りが共感する普遍的な原理原則がその経営に宿っているからである。

第3章

経営者のあるべき姿勢を描く言葉

「自分が変わらないと、周りは変わらない」

社員からNOを突き付けられたことで、経営者としてひと皮むける

森山　賢　株式会社琉球補聴器　代表取締役

株式会社琉球補聴器は、沖縄県那覇市に本社を置き、宮古島、石垣島なども含めて6店舗を展開する補聴器・医療機器・聴能訓練器等の販売、修理メンテナンスを営む会社である。同社は、現・相談役の森山勝也氏（以下勝也）が創業し、息子である森山賢氏（以下賢）に引き継がれている。同社は、数ある企業経営を表彰する賞のなかで最もハードルが高いといわれている「日本でいちばん大切にしたい会社」大賞審査委員会特別賞を、沖縄で初めて受賞した優良企業である。しかし、今のような優良企業になるまでの道のりは険しく、賢が、創業者でカリスマであった勝也の後継者としてひと皮むけて社員の求心力を得るまでには、通常の経営者が

経験しないような出来事があった。

社員の夢を邪魔する社長

創業者の勝也は、カリスマ経営者として、トップダウンの強力なリーダーシップにより会社を成長させた。２００４年、賢が32歳の時に母親が他界。賢は同社を継ぐべく呼び戻され、一般社員から入り、35歳の時に代表取締役社長に就任した。賢が社長になってから３年間は、勝也が代表取締役会長として伴走をしたが、この時期、会長と社長の二頭政治となり社内は葛藤状況となった。社員にとっては、会長と社長のどちらの言うことを聞いたらいいのか分からず、やりづらい日々が続いたのだ。

３年を経て勝也が相談役になり、賢は一人で代表権を持つことになった。そこで、賢は張り切って新しい試みを実行に移したが、思いとは裏腹に空回りしていたと振り返る。そうした折、ビジョンを考える研修を社員と泊まり込みで行った。研修ではまず、３年後の社員の夢を徹底的に出し合ったが、30名ほどの社員が約８００もの社員個々のビジョンを付せんに書き、研修を実施した部屋は壁だけでなくガラス窓まで貼りつくされた。社員が書いたビジョンの内容には、新車を買いたい、休みを取りたい、給料を上げてほしいなど個人的なものから、自社ビルを建てたい、設備投資がしたい……といった会社のこともあった。

社員のビジョンを出し合った後のセッションでは、その夢の実現を阻害しているのは何かを洗い出した。このセッションは、賢にとっては辛いものになった。賢自身への批判・問題提起が、社員の意見としてこれでもかと数多く出されたからだ。

「社長が本気で変わらないと会社は潰れる」「社員を愛していない」……。

賢は、思わず、無意識のうちにその場で泣きくずれ、社員に土下座をしたという。

批判を機に関わり方を変える

賢にとっては辛い経験だったが、一方で「本当に憎まれていたらそんなことを書いてくれるだろうか?」「変わってくれるかもしれないと期待して書いてくれたのではないか?」と、ポジティブに受け止めようとした。

賢はそれまで、できない理由を、創業者、社員、世の中のせいにしていたが、実は自分が原因だったことを思い知らされることになった。社員のために変わろうと、今までの考え方・生き方を捨てた瞬間だ。

賢は、気持ちを落ち着かせ、社員が付せんに書いたことを一つひとつ見直すうちに、社員にもっと寄り添わなければならないと強く感じたという。

まず、賢がやったことは、社員が自分のことを「社長」と呼んでいたのを、「賢さん」と呼ぶようにしてもらうことだった。すると、変化が訪れた。店長が、「社長だけが名前で呼ばれ、自分たちが役職で呼ばれるのはおかしいだろう」と言いだした。それからは全社員が、役職ではなく「さん付け」で呼び合うようになった。

次に賢は、勝也がどのように生まれ育ってきたか、そのルーツをたどろうと、勝也が生まれた多良間島に行き、家系図や謄本などを確認した。また、勝也に反発して、それまでお父さんと言うこともなかったが、勝也のところに足しげく通うようになったという。

人のことよりまず自分が変わる

賢が、勝也に対する関わり方を変えることで、勝也に変化が表れた。会長になっても、今まで通りいつも自分で決めていた勝也が、賢にすべての権限を渡してくれるようになったのだ。こうした過程を通して、人を変えることは難しい、変わるのは「自分」からだと賢は気付いたという。

もともと賢は、創業者である勝也のような、カリスマでリーダーシップをとるタイプではない。また、時代的にも、上意下達では動かない若手社員が増えていたこともあり、賢はさらに自らコーチングの勉強をし、管理者にもコーチングの研修を受けさせた。

また、会社の財務諸表をすべてオープンにした。損益計算書や貸借対照表の見方や、営業利益がなぜ重要で、その営業利益が社員の給料や賞与につながっていることなどを丁寧に社員に教え、営業利益を出すための計画を社員自らつくるように促した。すると、社員との関係も変わり、業績も良くなっていったのだ。

さらに、賢は、ビジョン研修で出された社員の約800もの夢実現を支援する制度もつくった。1000万円の経常利益が出るたびに、社員一人の夢の実現を支援する制度だ。1000万円の経常利益が出ると、社員で投票を行い、誰のどんな夢を実現させるかを決める。

一つ実例を紹介する。ある社員は、幼い頃から父親に厳しく育てられ、それに感謝の気持ちが持てず、自己肯定感が低いのも父親のせいだと強い反発心に苛まれていた。やがてその父親が病気のため車椅子生活になるも、幼い頃からのわだかまりを拭えず悶々としていた。しかし親を尊び敬うことができないと、自分の人生もうまくいくことはないと学び、かなえたい夢に「福祉車両を親父にプレゼントする！」と掲げた。この夢は、この社員のそこに至るまでのエピソードとともに共感を呼び、投票で選ばれ、実現したのだ。選ばれた本人も涙で皆へお礼を伝え、選んだ社員たちも、頑張って積み重ねてきた利益がこういう使われ方をすることに、誇らしくこの社員を見守ったという。

こういった夢が、これまでに20ほど実現している。

「自分が変わらないと、周りは変わらない」

時折、耳にする言葉ではあるが、私も含めて、頭では分かっているようでも、心底理解している人は少ないのではないかと思う。

しかし、賢は、社員から伝えられた自身への不満・批判に涙して、土下座をして社員に謝り、その後、関わり方を変えていった経験を通して、言葉の意味合いを腹の底から理解したのだろう。こうした辛い経験をきっかけに、賢は、勝也が育てた会社をさらに発展させたのである。

※「人事マネジメント」2019年9月号掲載のものに、今回単行本化にあたり一部修正を加えた。

「永遠《とわ》に未完成」

関係先を大切にし、業界全体の地位を上げていくために

曽根 和光　株式会社ダイワコーポレーション　代表取締役社長

株式会社ダイワコーポレーションは、1951年創業、従業員数244名、年商約198億円。東京都品川区南大井に本社を置き、物流アウトソーシング、物流センター構築などを手掛け、大手を含めた多くの取引先を持つ、総合物流のリーディングカンパニーである。大森駅前にある、洗練のメンテナンスで磨かれた本社を訪ねると、3K（きつい、汚い、危険）ともいわれる倉庫・物流業のイメージが一掃され、渋谷や六本木のICT企業ではないかと錯覚させられる。

同社は、戦後始めた鉄くず処理での資金を元手に土地を買い、倉庫業、テナントビル運営などの事業を展開していった。しかし、現・代表取締役社長の曽根和光氏（以下曽根）が大手総合商社に勤めた後、1992年に入社した当時は、とても現在のような優良企業とはほど遠い

状況だった。

曽根は、入社してまず、自ら志願して倉庫業務に従事し汗を流した。学生時代に、体育会系の部活動を経験していたことから体力にも自信があり、同社でのアルバイト経験もあったので、簡単なオペレーションだと甘く見ていたという。

しかし、実際に倉庫で働き始めると、アルバイト経験の時には簡単と思えた仕事は、さまざまな関係者の協力により成り立っていることに加え、効率化など改善しようと考えれば仕事の奥が深いことを実感したという。また、典型的な男社会のパワハラ的な言葉も飛び交う職場風土で、出入りする運送業者や派遣社員に対して上から目線であり、口のきき方も横柄だった。

総合商社時代に先輩から、「仕入れなくして販売なし」と仕入れ先や協力会社への感謝心を教えられており、また幼い頃から母親に「人や物を大切にしなさい」と聞かされて育った曽根は、なんとも言えず嫌な気持ちになったという。

こうした入社直後の経験が、曽根が経営の一端を担う立場になって実施したさまざまな取り組みの背景になっている。

社員と対話し変革を促す

現場での経験を経て、本社勤務になった曽根が長年こだわって取り組んできたのは、組織文化の変革である。創業者のトップダウンのマネジメントによる影響が大きく、社長から聞いたことをやっていればいいという社員が大半だったからだ。曽根が会議に出ても、社長以外に意見を言う社員はいなかった。「誰も意見を言えないのは会議ではない」と意見する曽根に対して、社長は、「経営が分かっていない」と一蹴していたが、地道に活動する曽根を見て、徐々に任せるようになっていったという。

曽根は、30代半ばになった頃に経営を任されたことで、本格的に会社の改革に乗り出した。具体的には、社員が自ら考えるような仕掛けの連発である。

まず、2000年ISO9002認証取得のプロジェクトを組んだ。ISO取得は仕事が増えることになるために抵抗する社員は少なくなかった。曽根は、時間を見つけては拠点を回りながら、社員一人ひとりに意義を伝えていった。

「**環境が変わっていくなかでは、生き残れない。経営者だけでは生き残れない。一人ひとりが専門家になって提案をください**」

また同じく2000年、即戦力中途中心の採用から新卒採用中心に切り替えた。社内の血を入れ替えなければ、長年の歳月のなかでできた組織文化を、既存の社員の意識改革だけでは簡単に変えられないと考えたからだ。2020年当時の部門長クラスの幹部は、2000年以降に新卒採用した社員が中心になっている。

崖っぷちでの新サービス開始

曽根がもう一つ取り組んだのは、ビジネスモデルの転換である。当時同社には、年間売上の何倍もの長期借入があり、金利が2～3パーセント上がれば赤字化、何かが崩れれば倒産しかねない状況だったからだ。そのため、ハイリスク＆ハイリターンによる財務体質の改善が求められていたのである。

そうした状況で、曽根は、「営業力だけで自分の手金を使わずに差益を取る」ことに挑戦した。

千葉の船橋では倉庫が1棟もなかった時代に大手ガス会社社長と交渉し、延床1万坪の用地を確保して倉庫の仕入れを先に起こしてから、後で利用先をつけるといったことを何回も繰り返した。曽根の熱心な働きかけによって、オーナーからリーズナブルに倉庫を貸借することができ、利益を確保していったのである。今では、約26万坪の倉庫を運営している。

また、1998年SPC法（特定目的会社又は特定目的信託を用いて資産を流動化するための仕組みを定めた法律）が施行され、特定目的会社を設立して倉庫をつくることが可能になり、2000年からアメリカやイギリスの倉庫会社が日本に参入してきた。その後、総合商社や不動産ディベロッパー等が参入してきたが、その頃はまだ、日本企業のプレーヤーはなかった。

そうしたなかで、日本初の試みとして、曽根は先駆けてSPC方式を活用した倉庫を横浜の新山下に開設した。

こうした取り組みは傍目にはリスキーに見えても、曽根は頭の片隅で絶えず会社の価値を意識しており、たとえ解散しても関係者には迷惑がかからない計算があった。なぜなら、前述のように、先輩や母親の教えである「関係者を大切にしなければならない」という価値観が根底にあったからだ。

周囲と共に成長していきたい

取引先についての曽根の対応とその後について紹介したい。社員に、出入りの運転手にタメ口をきいてはダメだと口酸っぱく言ってきた曽根が、ある時、本社のある大森の近くの飲み屋に、運送会社の方と一緒に飲みに行ったことがある。楽しく会話をした後、曽根が先に食事代を払おうとすると「初めて取引先の方にごちそうになりました」と驚かれた。そして、曽根の考え方を運送会社の方に伝えると涙ぐまれたことで、まだまだ自分の力が足りないと憤りを感じざるをえなかった。

しかし、隠行は積むものである。当時そういった付き合いをしていた運送会社の方がその後出世して取引の拡大につながったというから、それは決して偶然ではない。

曽根が大切にしている言葉は、

「**永遠《とわ》に未完成**」である。

今、完成したと思っても１秒後には未完成になる。環境は止まってくれないからだ。そして、常に「永遠に未完成」と思って経営をしていると、心に隙ができることなく高みをめざすことになる。

曽根が未完成だと感じている理由は、自社のみならず業界の地位を上げたいという思いがあるからだ。倉庫や運送会社といった社会インフラを支える人がいてこそ、私たちは便利な生活を享受できていることを、もっと自覚すべきであろう。曽根は、関係者を大切にし、業界の地位向上のために「永遠に未完成」を胸に挑戦し続けることで、周囲と共に成長し、さらに大きな未来を開いていくに違いない。

※「人事マネジメント」２０２０年９月号掲載のものに、今回単行本化にあたり一部修正を加えた。

「会社はトップで成長し、トップで潰れる」

常に現場を回り、今起こっている問題に向き合う

臼井麻紗杜　日本ウエストン株式会社　代表取締役会長

日本ウエストン株式会社は、岐阜市柳津町に本社を置く社員35名の会社で、工場で汚れた機械を拭く清掃用のウエスを製造・レンタル・クリーニングしている。社員のうち8名はキャストと呼んでいる障がいを持つ社員である。同社のグループ社会福祉法人には100名のキャストが所属しており、グループ全体で200名、うちキャストが108名と、まさにキャストが活躍する会社である。

同社は1968年、臼井清三氏（前会長）が脱サラして創業した。当初、工場で使用するウエスは、古着を二次利用した「ぞうきん」であったが、今や精密な製品、ロケットや航空機の

製造現場でも使用するウエスまで開発。取引先には、日本を代表する自動車メーカーが名を連ね、航空機の米国ボーイング社といった海外との取引もあるから驚きだ。手袋だけでも1日100万枚以上のクリーニングを行う一方で、最近は、皮ごと食べられる無農薬バナナをキャストが栽培して1本800円で販売する新事業を創出し、キャストの収入アップに取り組んでいる。

現在の代表取締役会長・臼井麻紗杜《まさと》氏（以下臼井）は、大阪の専門商社で3年働いた後、同社に娘婿として1989年入社した。先代の考えから、営業・製造をはじめすべての部門を経験した後、2000年に二代目社長に就任した。臼井は、先代の理念を受け継ぎ、「日本でいちばん大切にしたい会社」大賞中小企業庁長官賞をはじめ数多くの受賞をするような企業に同社を成長させている。まずは、同社の特徴から紹介する。

社員が成長できる職場環境づくり

同社の人財育成にかける時間は、年間の総労働2000時間の13パーセント。260時間を教育にあて、実務教育だけでなく人間力を高める心の教育を重視している。経営計画も社員と一緒につくっているが、重視しているのは社員のビジョンだ。

同社を訪問すると、社員一人ひとりの顔写真と死ぬまでに実現したいビジョンが書かれた大きなポスターが、社員全員分目立つように壁に貼られている。そして実際、社員の海外旅行の夢の実現のために、年間の社内行事を変更までして、会社も他の社員も仲間を応援する。

しかし、決して優しいばかりではない。精神障がい者は、他社では短時間勤務も多いが、健常者と同じ7時間勤務を義務付けている。理由は、本人が望んだときに他の会社に就職できるための訓練と位置付けているからだ。通常、障がい者が多い職場では退職率が高いものだが、社員一人ひとりの成長に寄り添う同社を辞める人はいない。

さらに、同社を訪問すると、おもてなしが半端ではないことに驚かされる。〇〇様と書かれたスリッパ、フルネームの刺繍入りのおしぼり、名前が印刷されたコースター、さらに、用意された色紙には、名前にちなんだ川柳まで書かれている。ディズニーランドをベンチマークにしていると豪語するだけのことはある。

存続が危ぶまれた二つの苦境

今でこそ、日本だけでなく海外からも視察が絶えない同社であるが、臼井が入社してからの長い社歴のなかで、2度の危機に見舞われている。

1度目は火災である。焼却場の不始末で、建物に引火して作業場が燃えてしまったのである。しかし、不幸中の幸いで一部の商品は燃えたが機械と人は無事だった。

2度目の危機は、汚染水が河川に流出してしまったことだ。鵜飼で有名な長良川への汚染水の流出により、生存していた魚の補償をしなければならない状況になったのだ。さすがに、どのくらいの被害金額になるのか見通しがつかなかったが、臼井は、何を言われてもすべてを受け入れることにして、現場で起きていることを丹念に聞いて対処した。この過程で環境問題の重要性を痛感したことが、その後、バクテリアによる汚水処理など世界からも注目される持続可能なマネジメントの仕組み構築につながっている。

他社の組織問題に学ぶ

臼井が25歳で同社に入社した当時、自分より年上の先輩ばかりで最初から歓迎といった状況ではなかった。娘婿で入社すると、社員の誰もが次の社長だと予想する。しかし、社員からすれば、先代の社長と一緒に働いてきた自分のほうが仕事はできる。20代で入社した年下の臼井が次の社長になることに抵抗があるのは当然だ。臼井もそのことを感じ、できるだけ現場の社員と一緒に汗を流す努力をするとともに、先輩社員に受け入れられるには「新しい仕事を受注してくること」が必要だと考えた。そこで、付き合いがなかった大手自動車会社ほか、ウエスが必要だと思われるところを軒並み営業に回ったのである。

その過程で、大手企業の開拓の難しさと組織の問題点を肌で感じたという。障がいのあるスタッフが多く在籍し、環境問題にも対処していた強みを活かし、環境やCSR推進部署にアプローチをすると好意的に受け入れられた。一方、購買を担当する部署に紹介されて訪問すると、高すぎるので発注できないと言われ、大きな組織の「縦割り」を実感した。また、役職が高い役員や上級管理職に会うと好意的に受け入れてくれた。しかし、実際の担当者を紹介されて訪問すると間に合っていると言われ、「縦」にも壁があることを思い知らされた。

そして、親しくなったお客様に内部事情を聞くと、全体の利益というより自部門の利益になるような主張や派閥争いなどがあり、お客様間の人間関係に配慮しなければならないことも学習した。

悪い情報にこそ耳を傾ける

臼井は、自分が社長になり経営者同士の交流が増えるなかで感じたことがある。それは、中小企業であっても、現場で起きていることが上司やトップにそのままは伝わらず、加工されるということだ。特に、創業して会社を成長させた経営者が高齢になり経営判断力が衰えたとしても、社員からの悪い情報は上がらなくなり会社がおかしくなることを目の当たりにした。中小企業でも、大企業同様の構造で組織の風通しが悪くなっていく。

こうしたことを学んだ臼井が大切にしていることがある。現場を回り、悪いことこそすぐに報告を上げるよう社員に徹底したのである。また、創業当初は、経営者の自分と同じ気持ちで社員が残業して夜遅くなっても平気であったが、人が増え、仕事の負荷が増すと、ブラック企業といわれるようになり社員との気持ちの乖離が出てくる。

「会社はトップで成長し、トップで潰れる」

この言葉は、臼井が会社を引き継ぎ、事業の継続を図るために必死になってもがきながら取り組んできた過程で他の組織と関わり、自社で起こっている問題と照らし合わせて学んだことだ。高い志と実践から学んだ教訓が受け継がれる限り、同社はこれからも持続発展するに違いない。

※「人事マネジメント」２０２１年３月号掲載のまま。

「経営者は、想定外があってはならない」

困っている人を助ける仕事は赤字でも広告費ととらえて継続する

十河 孝男　徳武産業株式会社　代表取締役会長

徳武産業株式会社は、香川県さぬき市にあり、社員84名、売上約25億円、高齢者・障がい者向けのケアシューズをつくっている会社である。同社がつくっているのは、一般的なケアシューズではない。高齢で足が不自由になって歩けなくなった方の症状等に応じてカスタマイズされたものだ。

「**歩けるようになった**」「**毎日が楽しくなった**」といった感謝の手紙が、年間数千通も届くという。

同社は、「日本でいちばん大切にしたい会社」大賞審査委員会特別賞の他、数多くの賞を受賞しているが、もともとケアシューズを作る会社ではなかった。手袋製造から始めて、大手靴メーカーの一部の縫製だけを行う下請け会社で、学童用の靴の縫製を行っていたのである。

現在の代表取締役会長・十河孝男《そごうたかお》氏（以下十河）は、全くの別業界で役員をやっていたが、妻の実家の先代社長が急死したために、37歳の時に突然事業を継いだので、靴業界の経験もなかった。十河は、徳武産業に入ると、大きな危機感を覚えたという。

「**この仕事は、10年は続かない。早ければ5年でなくなる**」

しかし、社員をはじめ、地元で同様にメーカーの下請けをしていた経営者らも聞く耳を持たなかった。むしろ幹部達は皆、反対意見であった。

「**今まで、長い間、安定的に仕事をくれている。簡単になくなるわけがない**」といった反応だった。しかし、十河は、関係者のこうした声を聞きながらも、着実に業態転換を進めたのである。

大手取引先が突然の海外移転

十河が同社に入った当初、売上の95パーセントは大手靴メーカーの縫製の下請けであり、5パーセントは大手旅行会社用のスリッパを作っていた。十河はまず、リスクを分散させるには、旅行用スリッパの売上比率を高めなければいけないと考えた。ＯＥＭであってもメーカーにならないといけない。「旅行用のスリッパを作ったら日本一」になると必死に取り組んだ。十河の思惑通り、スリッパの売上比率は5パーセントから徐々に伸びていき30パーセントにまでなった。

そうした折、十河がうすうす恐れていたことが現実になった。大手靴メーカーの担当者が、製造を他のアジア圏に持っていくので、今後仕事を出せなくなると言ってきたのである。70社ほどの下請け会社が最後通告を受けた。なかには机を叩きながら怒る経営者もいた。しかし、十河は、十分でないものの業態転換を進めていたので、想定内として対応できたのである。現在、当時の下請け業者70社で残っているのは、徳武産業を含め数社だけである。

再び危機が訪れる

旅行用スリッパの他にも十河は、ルームシューズにも取り組んだ。ルーム用のシューズは、〝縫ってはひっくり返して縫い直す〟という旅行用スリッパの縫製技術を活かし、高い評価を獲得。大手通販会社との取引が拡大し日本一になった。ところが、その1社に売上の多くを依存していたことが危機を招くことになった。自社の売上の30～40パーセントの比率になっていた時、自社を認めてくれていた大手通販会社の担当者が人事異動になったのである。十河は、新しく代わった担当者と、商品の感性が全く合わなかった。

新しい担当者に完成したルーム用シューズを持っていくと、前の担当者の時は評価されていたのに、「こんなものは売れない」となった。新しい担当者の性格を予想して秋冬もののサンプルを持って行った際には、「こんなもの載せられませんよ」とサンプルを投げられるようなこともあった。

「あゆみシューズ」の誕生

当時、同社は社員15名で売上が2～3億円になっていたが、下請けである限り、発注元の都合に振り回されて理不尽な目に遭わされる。社員やその家族の生活を守るためにも、自社ブランドを持たなければならないと考えていた矢先に、友人である老人ホームの園長から1本の電話が入った。十河は女性の目も重要だと考え、妻のヒロ子と一緒に園長を訪ねた。すると、ホームには、ヨチヨチ歩きや、歩行器を押したり車椅子を使ったりする、多くのお年寄りがいた。園長の相談は、「お年寄りがよく転ぶので危ない。転ぶと骨折して寝たきりになり、衰えてしまうので、転ばない履物を作れないか」といった内容であった。十河は、ホームの光景から、「ここには、新しい履物を待っている人たちがたくさんいる」とひらめいたという。

ホームでお年寄りの履物を見ると、当時まだ介護用シューズというものはなく、スリッパや学童用の上履き、サンダル等を履いていた。調べてみると、高齢者施設は全国に1万1000カ所ある。十河は、高齢化社会が進む日本において、介護用シューズはますます必要になると考え、県内の高齢者施設を丹念に回ってお年寄りの悩みを聞いた。すると、むくみやリウマチ、外反母趾で左右の足の大きさや形、長さも異なっている人が数多くいた。お年寄りは歩かないとますます体力が衰える。十河は、お年寄りが楽に履けて、痛みがなく歩くことが苦にならない靴を作ることを決意したのである。

社員に既存の事業をすべて任せ、十河とヒロ子はケアシューズ開発に専念した。しかし、ケアシューズは、ルームシューズとは似て非なるものだった。施設の聞き取りから、十河は「軽い」「明るい色」「かかとがしっかりしている」「転倒しない」「安い」という五つの要件を設定したが、ルームシューズならミシンで縫えても、靴は複雑な工程が必要になる。そこで十河は、靴を作る技術と30年余の経験を持つ専門家を探し出し、一緒に取り組んだ。

専門家から、左右のサイズが違う靴を作るメーカーは日本に1社もないことを聞き、十河は絶対に実現しようと思った。実際につくって提供すると、びっくりするほど喜ばれた。さらに、片方だけ傷んでダメになるといった声に応えて片方だけで売った。弁理士から特許取得の勧めがあったが、十河は特許を取らなかった。結果として、特許を取らなかったことで、現在では大手も含め15社が参入し、一つの業界をつくることにつながったのである。そして、トップ数社が左右サイズ違い、片方販売をすることで介護シューズ業界の常識になっている。

赤字ではなく広告費

この「あゆみシューズ」がある程度使われるようになると、さまざまな要望が届くようになった。そうした要望に応えるために開始したのが、パーツオーダーシステム（手作業によりカスタマイズした靴を製造し短納期で届ける仕組み）である。現在､月に１０００件､売上の１パーセントの仕事を14人の社員が担当している。明らかに赤字であることが分かる。十河にこの点を尋ねると、

「あゆみシューズを履いている人が困っていたら助ける。赤字は広告費であると思っている」

――という答えが返ってきた。

パーツオーダーシステムも十河にとっては想定内。十河は、

「経営者は、想定外があってはならない」

そう必死に考えて実践してきたことで、苦境を乗り越え、会社を成長させたのである。

※「人事マネジメント」２０１９年12月号掲載のものに、今回単行本化にあたり一部修正を加えた。

「健全な危機感を持つには、動き回ること」

組合員のことよりも組織を優先する考え方は間違い！

下小野田　寛　鹿児島きもつき農業協同組合　代表理事組合長

農業協同組合（農協、ＪＡ）は、農産物販売や資材の購買等経済事業、銀行業務に相当する信用事業、保険業務に相当する共済事業などを全国の単位農協（単協）と共同で行っている。単協は、１９５０年に１万３３１４あったが、規模が大きくなるほど収益が得やすい信用事業強化を目的として合併を繰り返した結果、２０１７年には６７９になっている。昨今、マイナス金利の影響もあり、今までＪＡを支えてきた金融関連事業もこれまで通りにはいかなくなっており、ＪＡ全体として変革期を迎えている。

全国にある単協は、なんとか事業規模を維持しようと必死に取り組んでいる。しかし共済の個人目標等が負担となり辞めていく職員もいて、かつて各地域で地元に残って就職する組織として人気であったのだが、最近は就職希望者が減少している。そうしたなか、元気なのが鹿児島きもつき農業協同組合（ＪＡ鹿児島きもつき）だ。

ＪＡ鹿児島きもつきは、畜産やサツマイモ、お茶等が特産物である単協である。そして、ここで陣頭指揮をとっているのが代表理事組合長の下小野田寛氏（以下下小野田）である。下小野田は、鹿児島大学農学部を卒業して全共連（ＪＡ共済連）に入会し５年間勤務した後、鹿児島に帰郷した。下小野田が帰郷したときは広域合併の進行中であり、１９９３（平成５）年に六つのＪＡが合併しＪＡ鹿児島きもつきが誕生する時期だった。翌年、下小野田は、地元の役に立ちたいと理事に立候補、当選し理事を務めることになった。その後、代表理事組合長を１期３年間務めた。下小野田が44歳で初めて組合長を務めた時期は、合併間もない頃で単年度収支が厳しく、経営改革が叫ばれるなかで事業そのものに改革のメスを入れたが思い通りにいかなかった。組合長といっても下小野田は当時40代で若く、急激な改革に職員がついてこなかったからだ。

下小野田は、こうした苦い組合長職の経験をもとに、平成27年には再び組合長に就任した。しかし、組織に覇気がなく笑顔も少ない、職場の雰囲気も暗い、やらされ感があり退職者も多かった。要因としては、職員自身、ＪＡに将来展望が持てなかったからだ。また、そうした職員が対応するＪＡに対して、組合員の多くが、不満、不安感を持っていた。こうした現状を嘆いても仕方がないと、「**支える人である職員とともに№1をめざそう！**」と、下小野田の２度目の挑戦が始まった。

「チームきもつき」創設と取り組み

下小野田は、職員さらには組合員を巻き込みながら、さまざまな取り組みを行った。

１．一般職員の個人目標廃止

今まで当たり前となっていた個人目標を廃止した。ノルマが離職者の退職要因にもなっていたからである。個人目標の廃止で、組織目標が達成困難になるといった反対意見があったが、下小野田は、「**組合員のことよりも組織を優先する考え方は間違い！**」と断行したのである。

２．人財創発センターの設立

新たな人財を育てるため、人財創発センターを設立し、次のような取り組みを行った。

●処遇の見直し

・眠っている人財の積極的な昇格

・各種手当の見直し（臨時職員通勤手当、管理職手当、ＬＡ手当）

・役職定年58歳→60歳に引き上げ、57歳からの賞与削減（10パーセント、20パーセント、30パーセント）を廃止

●教育研修制度の充実

・目標面接制度導入、内部研修の充実

・資格認証受験の督励

その他、教育研修積立金の実施や、海外販促活動、海外研修生受け入れも積極的に行った。

3．各種プロジェクトの活用

現在、JA鹿児島きもつきでは、下小野田が仕掛けた10のプロジェクトが活動している。

①　きもつき鷹山会
②　職場改善プロジェクト
③　人事労務管理制度プロジェクト
④　チームきもつき売坊隊
⑤　イノベーション・ゼロ・プロジェクト
⑥　チーム8（エイトメン）
⑦　ネクストプランプロジェクト
⑧　No.1きもつきプロジェクト

⑨　チームきもつき人財創発センター
⑩　ネクスト10プロジェクト

全国和牛能力共進会での優勝

第11回全国和牛能力共進会（２０１７年、以下全共）宮城大会に向けての取り組みは、朝晩の牛の手入れや品種改良など、生産農家とＪＡ役職員だけでなく技術員や行政を巻き込んだ、5年間にわたる取り組みである。この取り組みを応援しようとしたのが、「全国和牛能力共進会応援大作戦」である。職員も畜産部門だけでなく全職員が参画しようと実行したプロジェクトは、まさに組合員・職員を巻き込んでの取り組みに発展した。

「万羽鶴プロジェクト」と題し、1万７３００羽の万羽鶴を全員で折る取り組みでは、役職員だけでなく支所の窓口にみえた組合員にも鶴を折っていただき、全共の会場に掲げて見事日本一に貢献した。「支援金ポロシャツの販売」では、チームきもつきのロゴを入れて販売し、その収益の一部を全共への取り組み支援に充てた。

結果、鹿児島県の予選会では、県代表29頭のうち「きもつき牛」が13頭選出され、「きもつき牛」が鹿児島県の総合優勝、和牛日本一に貢献。職員や組合員だけでなく一般の鹿児島県民にも歓喜をもたらし、大成功を収めることになったのである。

全職員へ手書きのメッセージカード

２０１５年の冬季賞与支給式で下小野田は、６５０人前後に対して、手書きのメッセージカードをつくった。カードに書かれていたのは、「『チームきもつき』をみんなで創り、そしてみんなで幸せに」である。

これは毎年続けている手書きメッセージであり、２０１８年の仕事始めの際には、**「オープンイノベーションに挑戦して欲しい」「色々な事をオープンにしていかなければ、みんなの協力体制は得られないし、あなたの想いはみんなに伝わらない！」「見てみよう、聞いてみよう、やってみよう！」**――というカードを送った。下小野田は、想いを常に伝えなければと、継続的にメッセージを出し続けているのだ。

下小野田が大切にする言葉は、**「健全な危機感を持つには、動き回ること」**である。私が訪ねた日も下小野田は、中部地域の単協を３日間回った後で、そのなかで、ＪＡ鹿児島きもつきと比べて経済的に裕福なことを知るに至り、まだまだやることが多くあると感じたという。確かに、実際に足を運んでみないことには他のＪＡのことも現場の動きも分からない。

私もＪＡ鹿児島きもつきの集荷場など現場を数カ所回ったが、職員からは、「今の組合長に変わって、良くなった。組織が元気になった」といった声が聞かれた。

まだ改革半ばだと下小野田は言うが、動き回り、あの手この手を打つことで、確実に組織が変わってきている手応えを実感していることだろう。

※「人事マネジメント」２０２０年3月号掲載のものに、今回単行本化にあたり一部修正を加えた。

第３章まとめ

企業経営は評論でなく実行であることは間違いない。いくら経営者が頭脳明晰・言語明瞭であったとしても実行性を持たなければ、実務家としては評価されない。つまり、企業経営で大切なことは、「どうあるべきか」と突き詰めることが重要である。とりわけ、経営において方向性を示す経営者の姿勢は、社員をはじめとする直接・間接の関係者に大きな影響を与えることはいうまでもない。そのため、第３章では、経営者の姿勢について考えさせられた言葉を取り上げた。

坂本光司氏は、経営者の仕事を五つとしている。

一つ目　方向性を明示する

社員を中心として、企業にかかわりのあるすべての人々を幸せにするため、進むべき方向を全社員に明示すること。

二つ目　決断する

判断が難しい企業経営の事柄について、責任を持って決めること

三つ目　社員のモチベーションを上げる

全社員が目標に向かって主体的努力を行えるような、良い職場環境を整備、充実すること。

四つ目　先頭に立つ

社内の誰よりも最も働くこと。

五つ目　後継者を発掘育成する

社員を育てるのは先輩・管理者の仕事、経営者の最大の仕事は、次の経営者を育てることである。

そして、あえていえばこの五つ以外は、社員を信頼して任せればよい。これ以外の仕事をすると、五つの仕事が疎かになると言っている。

さらに、一般社員は一般社員の仕事をする社員、課長は課長の仕事をする社員、社長は社長の仕事をする社員のことであり、「偉い、偉くない」ではない、と付け加える。

では、企業の最高責任者である経営者は、組織の中で役割を果たして経営者としての仕事をしていくためには、どのような経営姿勢を持てばいいのだろうか。

逆に、ダメな経営者の姿勢を挙げてみるとわかりやすい。たとえば、自分本位、言行不一致、他責にして責任回避、公私混同、謙虚さに欠ける、学ばない、人の話を聞かない、優柔不断で決めない……。想像しただけで、信頼できないことがイメージできる。

経営姿勢とは、経営者が持つ価値観や哲学、行動原理など、企業を運営する上での基本的な考え方のことである。

京セラ創業者の稲盛和夫は、成果＝能力×意欲×考え方、といった。そして、考え方は、プラス100だけでなく、マイナス100もあるとした。全くその通りであり、特に、経済環境が厳しいなかでは、高い経営能力と、逆境の中でも意欲的に会社のビジョンを実現していく情熱が必要である。しかし、その源泉になるのは、どのように考えるかであり、そのことが、経営者としての姿勢に現れる。

紹介した経営者に共通しているのは、絶えず、自分自身の姿勢を問い直し（内省）、他者からの耳の痛い苦言であっても受入れる（受容）する度量の大きさがある。そうした経営者の姿勢によって、周りから信頼される存在となり、継続的に成長発展できる組織をつくることができるのである。

第4章

企業を
永続・成長させる言葉

「伝統とは、その時代の人々に愛されるために革新すること」

人形の革新を通じて子を思う親の愛を永く伝えていきたい

原　英洋　株式会社ふらここ　代表取締役

株式会社ふらここは、代表取締役・原英洋氏（以下原）が２００８年に東京の日本橋に設立した、ひな人形と五月人形の製造販売会社である。製販分離が主流の人形業界のなかで、原は製販一体のビジネスモデルを構築し、節句人形の企画、デザイン、製造、販売を一貫して行っている。社員35名全員が女性だが、設立以来値引を一切せずに、製作した人形をほとんど完売させている。さらに、購入できないお客様は、１年待って翌年に購入されるなど熱烈なファンも多い。

原は、祖父が人間国宝の人形師原米洲、母はその技術を受け継ぐ原孝洲という家に生まれた。

大学を卒業し大手出版社に2年勤めた後、家業の経営を担っていた父親が急逝。原は人形師を継いだ母親を支えるために家業に戻り、経営や販売を担うようになった。

以来20数年、家業を支えたが、伝統産業を担う会社では新しいことをするにも逆風が強かった。原は、業界の古いやり方に疑問を感じることが多くあり、家業だけでなく業界そのものが衰退してしまうことを強く危惧した。現在、約500の節句人形の製造販売会社があるが、その多くが業績を落とし、廃業・倒産が増えている。そして、職人は収入を確保できず、減少の一途だ。少子化の時代でも子どもは毎年70万人以上生まれているが、初節句を祝おうと店頭に足を運んでも、ほしいものがなくて買い控え、実際に購入するのは約3分の1という。原は、過去の伝統にあぐらをかいたやり方では業界が衰退してしまうと考え、長男でありながら、あえて家を継がずに、自分が考える伝統を守るために独立を選んだ。

独立を決意させたキャンセル電話

節句人形を買う機会は少ない。お客様は不慣れな買い物のため、販売員の言葉に乗せられてよく分からないまま買わされてしまうこともあった。しかしそれは、業界が潤っていた時代である。景気が低迷してくると、製造と販売が完全に分離した業界の構造ゆえに、安売り合戦が当たり前になった。

実は、顔、胴体、小道具を作る職人は分業しており、毎年開かれる新作展示会で販売業者がそれぞれのパーツを買い付け、組み合わせて販売する。そのため、お客様が「どの店も同じような人形を売っている」と感じるのは当然である。同じなら安いほうを選ぶため、売り手が値段を下げ、お客様も「おたくはいくら引いてくれるの？」と流れていく。製販分離のためにお客様の声はつくり手まで届かず、店では値引きして売ることしかできない。お客様の求めるものがどういうものなのかを考えるような業界ではなかったのだ。

販売の前面に立ち、お客様と直に接してきた原は、お客様が何を求めているかを肌で感じていた。ところが、そうした声は、職人には伝わらなかった。「昔ながらのやり方で何が悪い。これまで培ってきたことを伝承していくことが伝統産業を担う者の務めだ」というのが業界全体の空気だったのだ。

原の独立を後押ししたのは、2件の同じ理由でのキャンセルだった。

「おじいさんとおばあさんから贈られたひな人形が気に入らないからキャンセルしたい」

人形は、一昔前は祖父母が孫への贈り物として購入した。しかし、今は若いお母さんが決定権を持ち、祖父母にはお金だけ出していただくという買い方に変わっていたのだ。大きなものや飾り映えのするものは贈り手側の満足であり、ギフトとしての人形だった。しかし実際は、若いお母さん方が選ぶというパーソナルユースに変わっていたのだ。

若いお母さんの人形の好みは、昔ながらの伝統的なものとは異なる。しかし、若いお母さんが好むようなひな人形を作ってほしいと職人にお願いしても拒否されてしまう。そこで、比較的若い職人に根気よく説得しお願いして、ようやく原がイメージしていた人形ができたのだ。

人形の特徴と改良の継続

ふらここの人形の特徴は四つある。まず顔は、一般的に販売されている細面で上品な「うりざね顔」ではなく、ふっくら丸くかわいらしい「赤ちゃん顔」だ。

次にサイズは、若い世帯が住むマンションなどの狭い部屋でも置き場所をとらない「手のひらサイズ」。人形の幅は7・5～12センチメートルで、ちょうど赤ちゃん用のお茶碗を伏せたくらいだ。親王飾は横幅35～40センチほど、十五人飾も横幅45センチ、奥行40センチに収まるコンパクトなものである。

三つ目は色合い。衣裳や道具、屏風などもかわいらしいパステルカラーやナチュラルな色合いで、洋風の部屋にも合う淡い色調でそろえ、うさぎ柄、花柄なども採用。五月人形もかわいらしいラインアップである。

四つ目は製造方法だ。現代風のデザインで従来の節句人形とは異なるが、製造は伝統技法にこだわっている。顔は真っ白な上質の貝の殻を細かく砕いた胡粉仕上げ、目はガラス製、頭髪は絹糸。胴体は桐の粉を固め乾かし、筋彫りした部分に衣裳の生地を押し込んでいく木目込み製法だ。衣裳も、代表的な産地である京都の工房で同社向けに特別に仕立てられた織物であり、素材や製法は本格的に伝統を受け継ぐ本物志向なのだ。

創業した2008年当時、ふらここの特徴ある人形は、業界では衝撃的であった。しかし、ふらここの成長を知ると、当然、真似をする同業者が出てくる。そこで、原は、若いお母さんのニーズを深掘りするために四つの調査を行っている。①カタログ請求時、②ショールームへの来場時、③実際の購入時、④お節句のお祝いが済んだ後、それぞれの接点でアンケートを収集。

そして分析するのは、若いお母さんと同世代の女性社員である。社員35名全員が同世代の女性というのは、同じ感覚を持てるからだ。

ふらここでは、人形の顔は3Dで製作している。職人が粘土で試作品をつくるという旧来の製法も並行して行っているが、若いお母さんから支持されているのは、3Dで製作した顔だという。

受け継がれる「伝統」の本質

ひな祭りは1000年、端午の節句は1250年の歴史があり、伝統がある。しかし、原によれば、ひな人形の歴史のなかで、現在多くの人が認識している七段飾りになったのは明治以降であり、それ以前も時代につれて変化してきたという。つまり、先人が、その時代の人々に愛されるように革新してきたからこそ、今でもひな祭りや端午の節句があるのだ。

「伝統とは、その時代の人々に愛されるために革新すること」

原は、人形を時代に合わせて革新することが、自分に課せられた使命であると言い切る。原が、この事業を通して世の中に伝えたい・残したい・生み出したい価値は、心の伝承であり、子を思う親の愛である。こうした使命感と、時代に応じた革新を続けることで、ひな人形・五月人形を後世に残すべく取り組んでいるのである。

※「人事マネジメント」２０２１年４月号掲載のものに、今回単行本化にあたり一部修正を加えた。

「伝統を守るのではなく、伝統を攻める」

伝統の鋳造技術を核にさまざまな新製品開発、海外展開に挑む

能作 克治　株式会社能作　代表取締役会長

株式会社能作は、創業1916（大正5）年、アルミ・銅器の生産額日本一の富山県高岡市に本社を置く、鋳物《いもの》を製造販売する社員数約180名の会社である。主に、真鍮製の仏具、茶道具、インテリア用品、錫《すず》製食器等を製造販売している。代表製品は、世界初の、錫100パーセント製の曲がる器である。能作では、伝統的な生型鋳造法に加え、シリコーン鋳造法等、新しい製法を導入。有名高級店とのコラボ製品製造、ドラえもんタンブラー等のキャラクター製品発売、海外との合弁会社設立等、さまざまな分野で革新的取り組みを展開している。

さらに、照明器具、建築金物、医療部品など分野を越えたものづくりに挑戦。〝もの〟をつくるだけでなく、〝こと〟と〝こころ〟を伝えるために産業観光の推進や直営店を国内外に16店舗展開するなど、快進撃は止まらない。

こうした取り組みを牽引しているのは、代表取締役会長・能作克治氏（以下能作）である。今でこそ「日本でいちばん大切にしたい会社」大賞審査委員会特別賞他さまざまな賞を受賞し、多くのメディアで取り上げられるほど注目されている同社であるが、能作が入社した約39年前は、高岡に数多くあるなかの一つの普通の町工場。能作自身も、当時の状況からは、今のような会社に成長するとはとても思えなかったという。

カメラマンから鋳物職人に転身

福井県出身の能作は、大阪芸術大学芸術学部写真学科を卒業後、新聞社で報道カメラマンとして働いていた。その後、株式会社能作の一人娘と恋に落ち、長男であったが娘婿として入社し、鋳物職人になった。当時の高岡は封建的で、他県から来た能作は「旅の人」「婿はん」「鋳物屋のあんちゃん」と呼ばれ、最初は下に見られたと感じたという。しかし実際には、高岡の多くの職人から鋳物の技術を教えてもらい、職人としての腕を上げていった。能作が地域創生に熱心に取り組んでいるのは、何も分からない自分を一人前の職人にしてくれたという想いがあるからだ。

同社が町工場から今のようなブランド企業へと飛躍するきっかけになったのは、２００１年に東京・原宿で行われた展示会への出展である。単独の作品展示会「鈴・林・燐」は、同社としては初めてのエンドユーザーとの接点であった。金属を着色や彫金をせずに仕上げた製品は、当時、業界では異例であったため、特に同業者から好評を得た。

この展示会がきっかけになり、あるインテリアショップから、ハンドベルを扱いたいという依頼があった。初めて問屋を通さない受注が入り、大いに喜んだ。しかし、ハンドベルは全国でわずか30個しか売れなかった。

その後、販売員から「音色がとてもいいから、風鈴にしたら……」という提案があった。能作は、風鈴が4000円で売れるわけがないと思ったが、すぐにつくって納品すると、3カ月で3000個も売れたのである。現在のデザイン風鈴のはしりである。

用途で一番多かったのが、結婚式の引き出物。おしゃれで、思い出の品として好評を得たのである。これをきっかけに、製品開発は、お客様と接点がある販売員の声を参考にするようになったという。しかし一方で、直販することは、問屋を飛び越えることになる。そうしたことはできないと考えた能作は、営業しないで販路拡大をする道を模索した。具体的には、ギフトショー等に出展し、すでに問屋との取引がある場合は、その問屋を通して販売したのである。それまで高岡銅器は流通開拓をしてこなかったため、逆に、新たな流通販路ができたのである。

さまざまな製品開発に取り組む

最も成功したのは、錫１００パーセント製品である。消費者との接点ができると、金属の食器がほしいといった要望が挙がってくる。しかし、風鈴に使用している真鍮では銅が含まれているため、食品衛生法上難しいといった課題も出てくる。そこで、能作の鋳造技術で製造可能な食器に適した金属を探すなかで、錆びにくく抗菌効果があり、古来よりお酒がまろやかになるといわれている錫に着目し、製品化した（錫の抗菌試験では、大腸菌・黄色ブドウ球菌が24時間で99パーセント減少する）。東京の百貨店で錫のカップを使った試飲会を開いたところ、１００人中35人が錫１００パーセントのカップを買っていくなど、大ヒットしたのである。さらに、錫のやわらかい性質は、手術の際にさまざまな患者に合わせて形を調整できるため、医療部品としても適しており、開発を進めてきた。

海外展開で世界ブランドへ

海外展開し、世界ブランドにすることが能作の夢である。自社だけでなく、海外展開を高岡全体のノウハウとして、「伝統産業に轍《わだち》をつけたい」という想いがあるからだ。能作が海外に挑戦して見えてきたことは、各国の文化を見据えた製品開発をしなければならないことだ。例えば、パン皿はアメリカでしか売れない。欧州では、テーブルクロスの上に直接パンを置く習慣があるからだ。

展示会の参加だけでは良い販路と巡り合えない。伝え方が重要だということも学んだ。日本人は、120点の商品でも謙遜して80点と言う。一方、海外では80点の商品を120点だとPRする。一般の店舗では能作の製品は苦戦したが、ニューヨーク近代美術館併設のショップでは、飛ぶように売れた。つまり、人気がなかったのではなく、売れる場所を見つけることが重要だということだ。

誇りある産業観光を推進

能作は、2000年から産業観光の推進にも熱心に取り組んでいる。同社には、今でも忘れられない出来事がある。

それは、工場に見学に来た地元のお母さんが子どもに言ったひと言であった。

能作が、伝統工芸を生み出す過程を見てもらおうと、汗を流しながら作業をしていると、

「ちゃんと勉強しないと、あのおじさんみたいになっちゃうよ」

一瞬、すべての時間が止まった気がして、能作の心を引き裂いた。これがきっかけになって、

「伝統産業を地域みんなの誇りにしたい。自分自身、子どもたちに誇りに思ってもらえる仕事

がしたい」

――という想いを強くすることになる。

その後、2017年には産業観光施設として新工場を設立した。その工場見学は、臨場感満載だ。ガラス越しではなく、職人の近くで、音、熱、匂いなどを体感することができる。本社には、富山県の名所や名物、名店を紹介する「TOYAMA　DOORS」というコーナーがあり、県内観光のハブ的な役割を果たしている。「NOUSAKU　LAB」では、鋳物製作を体験できる。

他にも、とてもこの紙幅では伝えられないくらい、数多くの革新をしている。

能作が鋳物職人になってからの約39年間は、まさに、

「**伝統を守るのではなく、伝統を攻める**」

その連続だったのである。

※「人事マネジメント」2021年6月号掲載のものに、今回単行本化にあたり一部修正を加えた。

「一階に現実、二階に夢」

現実を生きていくと同時に夢を持たなくては、成長できないし、未来もない

髙木 義秀　福井経編興業株式会社　代表取締役

福井経編《たてあみ》興業株式会社は、1944年福井県福井市で設立された繊維会社である。「経編」という編み物は、糸を縦方向に連続して編み上げたものであり、代表的な製品には衣料素材がある。繊維産業は、福井を代表する地場産業だ。以前は、「ガチャマン（ガチャンと機械を回せば万というお金が儲かった）」という言葉があったように、隆盛を極めた時代があった。

しかし、県内繊維産業の出荷額は、1990年代初頭の4995億円をピークに、2019年には2384億円と半分以下に。経編機械は、約2000台が2000年には約1000台と、同じく半分になっている。要因は、アジアの低コスト地域への生産工場の移転が生じ、中国を皮切りに、東南アジア地域ほか海外との競争が激しくなったからである。

こうした厳しい状況のなかで、福井の繊維会社は海外へ活路を求めて進出していった。多く

の同業者が倒産・廃業するなか同社の経営にあたったのは、同社にプロパー入社し、現在代表取締役を務める髙木義秀氏（以下髙木）である。しかし、急激に縮小していく市場のなかでの事業転換は容易なものではなかった。

経営の任を負う髙木には、「社員（約１００名）と家族（本人以外約３００名）の命と生活を守る」ことに関する使命感が、絶えず頭の中にあったという。

海外ではなく福井に工場を建てる

髙木は、同業者が海外に工場を建てるなか、あえて福井県内の大野市に18億円を投資して工場を建設した。低コスト競争ではなく、高品質で付加価値の高いものづくり、アジアで最速スピードの製品化工場をめざしたのである。

当時、同業の経営者から髙木は「何を考えているのか、頭がおかしくなったんじゃないか」と言われた。しかし、福井経編はファッション、スポーツ、インナー素材、車両素材、医療素材など、あらゆる分野の企業から受け入れられた。

福井経編は、バブルが崩壊した１９９０年代前半から、委託加工だけでなく、衣料品の製品を企画・販売する「自販」の活動を開始した。さらに、世界最高峰のファッション素材見本市「プルミエール・ヴィジョン」への参加をめざした。２０１０年、日本からの出展企業は28社ほどで半分以上が上場企業という状況のなか、当時は難しいとされていたシルクの糸を編み込む技術を開発し、素材を出展したのだ。シルクなどの天然繊維は切れやすく、機械で編み込むのは簡単ではなかったが、試行錯誤により実現したのである。

衣料から医療へ

高木がさまざまな分野にチャレンジしている最中、「シルクの糸で人工血管を編めないか？」と、ある大学教授からの問い合わせがあった。ねらいとなっていたのは6ミリ以下の細い小口径人工血管である。可能性を感じた高木は、すぐに社内で人工血管プロジェクトチームを結成した。その後、日々試行錯誤を繰り返し、難易度が高い人工血管を見事に完成させたのである。

人工血管の成功は多くのメディアから注目され、その情報を聞きつけた大阪医科大学の心臓血管外科医、根本慎太郎教授（以下根本）から高木に連絡が入った。根本によれば、心臓に先天的な病気のある子どもの手術に使う材料である心臓修復パッチは、現在のものは劣化や伸展性に課題があり、手術術式によっては5年間に約50パーセントの子どもが再手術を受けなければならなかった。こうした現状を知った高木は、心臓修復パッチの開発に取り組もうと心に決める。そして、子どもの成長に合わせて一緒に伸長するパッチの自社開発に取り組み、完成させたのである。

こうした過程のなかで髙木は、大手繊維メーカーとの交渉など、数多くの企業と人を巻き込んで会社を成長させていったのである。

「下町ロケット」のモデルに

心臓修復パッチの開発に没頭している髙木に、大きな出会いがあった。髙木の友人を通して、作家の池井戸潤（以下池井戸）から「下町ロケット・陸王」執筆のための取材として、シューズ用のメッシュ素材についての説明を依頼されたのである。

当日、シューズ材についての説明を終えた後、髙木は池井戸に、あと30分だけ時間がほしいと切り出した。髙木は、この時とばかり池井戸に心臓修復パッチの開発に挑戦していることを熱く語ったのである。偶然にも池井戸は、「下町ロケット」の続編で人工心臓の話を書く予定だった。髙木は「ぜひ一度、福井へ来て開発現場を見てください」と話をし、その後も頻繁に連絡を取り続けた。

ついに池井戸が福井に足を運ぶことになると、この機会を逃してはいけないと、髙木は大阪から根本を呼び寄せて池井戸に引き合わせた。さらに、池井戸と共に大阪の根本のもとへ行き、手術の見学もした。池井戸と髙木は、生まれたばかりの子どもが必死に生きようと戦う姿を目の当たりにしたのである。髙木は、手術の成功を知った時、ただあふれる涙が止まらなかった。

そして、こうした小さな子どもに役に立つ心臓修復パッチを完成させようと決意した。福井経編をモデルにした「下町ロケット」の続編「ガウディ計画」はドラマ化され、多くの人に感動を与えたのである。

逆風のなか、社員とその家族を守るために高木が必死に取り組んだことは、世界最高峰のファッション素材見本市「プルミエール・ヴィジョン」への出展、地元福井での新工場の建設、高級ブランドのエルメスなどの服への採用取り付け、そして、衣料から医療への挑戦、池井戸への働きかけなどである。

社員と家族を守るために

高木のすべての意思決定は、

「一階に現実、二階に夢」

――という言葉に集約される。

この言葉は、高木のオリジナルではない。池井戸が、色紙に書いてくれた言葉だ。私が座右の銘は何かと聞くと、高木は、この言葉だと教えてくれた。

日本は、現在、人口減少、少子高齢化による国内需要の縮小など、まさに下りのエレベーターに乗っている。こうした現実に対処しなければならない。しかし、同時に夢を持たなくては、人は踏ん張ることができない。

人を大切にする経営学会の坂本光司会長は、

「夢のある苦労は我慢できるが、夢がない苦労は耐えることができない」

――と言うが、まさに、高木は、一階の現実を見据えながら、二階の夢を追い続けて会社を成長させたのである。

※「人事マネジメント」２０１９年10月号掲載のまま。

「一点を深く掘り下げていけば穴は自然に広がる」

「社員の幸せを目的にする経営」とは、「つくるひとをつくる」こと

森本 尚孝
三和建設株式会社 代表取締役社長

三和建設株式会社は、大阪府大阪市淀川区にある、1947年創立、76年の歴史がある従業員150名の中堅ゼネコン（総合建設会社）である。創業以来、企業の生産・物流施設、マンション、商業施設などの建築工事や官公庁の土木工事などで多数の実績を残し歴史を積み重ねてきた。一方、現在同社は、建物だけでなく、建物を通じてお客様が手に入れたい価値を提供することを信条とし、ニーズのヒアリングから提案、設計、施工まで一貫したサービスを提供できることが特徴である。

同社には、一般的な建設会社とは異なる、三つの大きな柱となるブランドがある。一つ目は

食品工場を中心とした食品関連施設「ファクタス®」（ファクトリーに価値を足すという意味の造語）。二つ目は特殊な用途を持つ専用倉庫「リソウコ®」。三つ目は2010年に国内で初めて国土交通省による長期優良住宅認定マンションを完成させた「エスアイ200」である。

世界約50カ国で展開している世界最大級の意識調査機関Great Place to Work®による、日本における「働きがいのある会社」ランキングにおいて、建設業で唯一7年連続ランクイン。企業経営のなかで最もハードルが高く、関係者の幸せ軸で評価される「日本でいちばん大切にしたい会社」大賞では、第7回の審査委員会特別賞を受賞している。

このように歴史と実績がある企業であるが、四代目である現在の代表取締役社長・森本尚孝氏（以下森本）が大手ゼネコン勤務を経て同社に入社した2001年には、建設不況のなか、今まで蓄積してきた資産をすべて売り払って実質債務超過で銀行管理下にあり、森本の言葉を借りれば「植民地」のような会社だったという。

経営理念は「つくるひとをつくる®」

長年積み上げた資産を相次いで売却し、会社に残された資産は社員だけになってしまった。このことが、2013年に経営理念を定めた背景だ。森本は、会社が窮地に陥った際、不安そうな面持ちで辞めていく社員の姿を見て、会社経営で最も重要なことは雇用を守り企業を永続させることだと思い知らされたという。そして、ひとたび社員として迎え入れたら、その人に即戦力としての能力があろうがなかろうが、なんとしても活躍の可能性を追求すると心に誓った。

森本が打ち出してきた施策のすべてにおいて、「社員の幸せを目的にする経営」がまさに一貫性を持つ土台になっているが、その思いを表現したのが、わずか9文字に凝縮された経営理念「つくるひとをつくる」である。

以下、多くを語るより、補足も含めて同社の経営理念をそのまま載せたほうが伝わると思う。

・経営理念「つくるひとをつくる」

建物をつくる　お客さまをつくる　仲間をつくる　技術をつくる　信頼をつくる　会社をつくる　価値をつくる　社会をつくる　歴史をつくる　**すべてはひとがつくります。だからつくるひとをつくります。**だからこそ、わが社は「ひと本位主義」。社員とその家族を何よりも大事にします。……

経営理念に基づく一貫した取り組み

森本が経営理念に沿い、行ってきた取り組みと意味合いは次の通りである。

・新卒採用
↓既存社員が部下を持つことで責任感・成長感を得るために定期採用を行う。
・コーポレートスタンダード（会社から社員への約束事）
↓経営理念、ビジョン戦略、個別方針、売上利益からBCPに至るまですべて1冊の手帳に書かれている。経常利益の5分の1、目標超過分の2分の1が決算賞与となるといったことまで明文化されている。
・社内日報システム（SODA）
↓上司に報告するための日報ではなく、森本を含む各自が毎日記入した内容が、瞬時に全員へ共有化される。
・改善報告制度
↓新入社員を含め全員の改善報告や提案が社内に共有される。
・SANWAサミット
↓年に2回、4月と10月に、交通費ほか多大な費用をかけて東西両本店全社員150名が一同に会する全社会議を行い、経営理念・経営方針などを一日かけて確認する。
・社内大学SANWAアカデミー
↓グループリーダー以上の社員が講師になり、年間60講座（必須講座＋任意講座）が実施され、社員全員が希望の講座を受けられる。

・ひとづくり寮®

↓「つくるひとをつくりあうみんなの寮」として、新入社員全員が1年間共同生活をおくる。

——ほかにも、経営理念を具現化した取り組みは、この紙面では紹介できないくらい多い。森本が執筆した『人に困らない経営』（あさ出版）に詳しいので、ご一読をお勧めする。必ず参考になると思う。

会社はトップの求めた方向に進む

森本が社員に常々言っていることを、いくつか紹介する。

・当社に兵隊はいない。全員入社したときから士官である。

・「社員を大切にする経営」は、会社が一方的に社員を支え続けるという構図ではない。社員を大切にするということは、社員が会社に依存する、受け身の姿勢をよしとすることではない。

・どんな社員でも成り立つ仕組みで業績を上げる会社は面白くない。社員自らの活躍によって不完全さを補える仕組みをつくることが働く醍醐味になる。

・社員の活躍につながらない投資は、たとえ利益が上がるとしても行わない。……

２００８年に同社の四代目を引き継いでから12年間、経営の舵を取り、傍目には輝かしい実績を上げてきた森本であるが、自分自身の経営を振り返り、つくづく会社はトップの求めた方向に向かうと実感するという。

低金利を元に借入をして積極的な投資に打って出れば、業容を大きく拡大することも可能だったかもしれないし、現に積極路線を歩む同業者も身近にいるという。しかし、森本は、あえてそうした選択肢を採ってこなかった。

その背景には、森本が同社に入って感じた活気がない会社の状況や、辞めていった社員の姿があり、さらにその後、森本が「社員の幸せを目的にする経営」をめざしたことに加え、自身の性格も影響しているという。森本は、浅く広げるよりも、

「**大事だと思ったことを掘り下げていく、一点を深く掘り下げていけば穴は自然と広がっていく**」

――と言い、ただ広くすき取るだけならどの部分も一向に深くなっていかないという考えの持ち主だ。

世の中には、戦略、ビジネスモデル、マーケティングといった売上利益を最大化するための

理論が数多く紹介されている。もちろん、こうした理論は手段として重要ではある。しかし、経営者がどのような会社にしていきたいのかが不明確では、ぶれた経営になってしまう。右肩下がりで目先の売上利益に関心がいきやすい時代だからこそ、森本のように、客観的に経営の目的を意識することの意義は、計り知れない。

※「人事マネジメント」2020年6月号掲載のものに、今回単行本化にあたり一部修正を加えた。

「理念なき戦略は罪悪であり、戦略なき理念は寝言である」

戦略と理念のバランスなき企業経営は成り立たない

鈴木　豊　スズキ機工株式会社　代表取締役

スズキ機工株式会社は１９７１（昭和46）年に創業、千葉県松戸市に本社を置き、社員数17名、食品機械の設計・制作とプロ仕様の自社ブランド工業製品の開発・販売を行っている。同社の自社ブランド潤滑剤ベルハンマーは、テレビ番組でも取り上げられ大ヒットして一躍有名になった。また、同社は、第７回「日本でいちばん大切にしたい会社」大賞審査委員会特別賞を受賞するなど、高いレベルの企業経営を実現している優良企業である。

現在、先代の後を継ぎ、経営の舵を取るのは代表取締役の鈴木豊氏（以下鈴木）。彼が大学を出て食品機械会社で勤務した後、同社で働き始めたときは、現在のような会社ではなく典型的な町工場だった。同社は以前から18リットル缶の設計製造をしていたが、バブル崩壊後の価格破壊で斜陽産業となり、業績が一気に急落していた。

鈴木は、前職の食品原料商社時代の人脈を活かし、オーダーメイドの食品機械設計制作に業態変革をしていった。38歳で社長に就任した鈴木は、「やれるものは、なんでもやります」と積極的に販路を広げていった。土日もなく、毎日夜遅くまでクタクタになって働いたが、赤字と黒字を繰り返すような状況が続いていた。そうしたなか、企業の戦略を大きく変えるきっかけになる出来事が起こったのである。

取引先の不条理な対応で戦略転換

鈴木が開拓した大手食品メーカーから急な依頼があった。価格も納期もきつかったが、二日間徹夜をして設計図を作り、車で片道2時間半かかるその会社へ持っていった。ところが、制作にかかろうとすると待ったがかかった。あれだけ急いだのにと釈然としない気持ちはあったが、その後、1カ月ほど経ったある日、その会社を訪ねると、鈴木の設計図通りの機械を発見し、唖然とした。提出した図面をもとに他社に安く作らせていたのだ。

鈴木は感情を抑えることができず、他の案件もあったが「二度と連絡をしないでほしい」と絶縁宣言をして立ち去った。しかし、その後、鈴木はなぜこうした事態になったのか、理由を冷静に考えた。そして、遠方のためすぐに何度も会えない状況の自社よりも、普段から頻繁に通ってくる業者に発注したいと思うのが人情かもしれない、と振り返ったのだ。

鈴木はこうした経験から、移動時間が1時間を超えない企業に取引を絞るという意思決定をした。約4割の取引先がなくなるという勇気のいる決断だったが、高頻度のメンテナンスが功を奏した。鈴木の予想を超えるほど効率が上がり、比較的短期間で回復し、利益も出るようになったのだ。

勝てる戦略を徹底的に考える

鈴木は、1時間以内に絞るといった、一般的にいわれているランチェスター地域戦略で既存の食品機械の受注事業を立て直したが、まだまだ不安な思いは残っていた。

そうした折、鈴木は1冊の本を読んだのをきっかけに、経営計画書に経営理念〜中期事業計画を設定し明文化しようと考えた。当時、同社には経営計画どころか経営理念さえなかったという。鈴木は、「当社の若い社員が5〜10年後の夢が見られるだろうか。給料を上げなければ結婚もマイホームも実現は難しい。絞り込んだ狭いエリアで、どのくらい成長できるだろうか」と思い悩んだのである。

鈴木は、世の中や周りの経営者を見ていて、企業の業績は必ずしも経営者の能力だけではないと感じた。いくら経営能力があっても元々やっているビジネスモデルが悪ければ成果は出ない。逆に、本人はさほど経営能力が高くなくても、元々その会社が行ってきた戦略がはまれば大きな利益が出ていたからである。

そして、鈴木が出した結論は、下請け受託ではなく自社ブランド商品の開発だった。鈴木が考えた戦略は、次のようなものである。

1. 継続的に消費を生む継続循環型のビジネスモデル

使用ユーザー数が増え、継続率が高まれば安定的に収入を確実に生む。LTV(ライフタイムバリュー=顧客生涯価値)獲得モデルである。

2. 企画販売に特化してのファブレス型生産体制

中小企業は、ヒト・モノ・カネの経営資源が乏しい。自社ブランド商品を作るにしても、土地・工場・生産設備を自社で持てば固定費になる。そして、売れなければキャッシュが回らず倒産にもつながりかねない。持たざる経営がベスト。

自社開発商品が大ヒット

この二つの条件に当てはめて自社開発をしたのが、驚異的な潤滑性能を持つ「ベルハンマー」である。ベルハンマーには、食品機械用と、一般機械・自動車・バイク・自転車・DIY用があり、いずれもユーザーに高い評価を得ている。また、展示会で人だかりの山を見たテレビ番組「がっちりマンデー」のスタッフが試してその性能に驚き、番組で放映されたのをきっかけに、ベルハンマーは大ブレイクした。

一方、鈴木は、ベルハンマーの成功について、「時代が助けてくれた。20年前だったら失敗していた」と振り返る。なぜなら、以前であれば社員17名で資本力のない中小企業が、自社ブランド商品を作り、直接エンドユーザーに売るということは難しかったからだ。インターネットが普及する前であれば、多額の広告費用が必要になり、大企業が圧倒的に有利である。

鈴木は、アマゾンや楽天に出品、さらにフェイスブック・ツイッター・ユーチューブ・展示会等、費用がかからない、あるいは少額で済む手法に次々と取り組んでいったのである。

理念と戦略のバランス

「理念なき戦略は罪悪であり、戦略なき理念は寝言である」

この言葉は、二宮尊徳の「道徳を忘れた経済は罪悪であり、経済を忘れた道徳は寝言である」という名言を、鈴木が置き換えたものである。

道徳なしに経済活動を行えば、水質汚染などの環境破壊が進むことになる。一方、経済なき道徳は、裏付けのない政治家の公約のようなもので、財源の議論が抜けていたのでは夢物語である。

経営理念がない企業活動は罪悪を生み出す。利益を出すためならなんでもありというやり方は社員や関係者を犠牲にしてしまう。しかし、経営理念を繰り返し唱えながらも、具体的な戦略に落とし込めていない企業は少なくない。日本の企業の6割以上が赤字である現実は、確固とした戦略がないことを表している。企業経営はまさに、理念と戦略のバランスがとれないと成り立たないものなのだ。

ちなみに鈴木は、もがきながらも築き上げてきた戦略により利益を上げる一方、障がい者社会福祉法人にも高価格でシールを発注するなど、社会貢献活動にも熱心である。鈴木は、まさに、理念と戦略をバランスよく有言実行しているのである。

※「人事マネジメント」２０２０年8月号掲載のまま。

第4章まとめ

「企業は変化適応業である」といわれるように、時の移り変わりを踏まえて、事業、組織を変えていかなければ、市場顧客から必要とされなくなってしまう。こうしたことは当たり前であり、何を今さらと言われるに違いない。しかし、現実を見れば、環境変化に対応できず、過去、多くの会社が消えていった。

企業経営では、「あり方」が最も重要であることは議論の余地はない。一方、理念が立派でも「やり方」が時代遅れでは、高邁な理念やビジョンを掲げても実現できない。鈴木機工の鈴木豊社長は、二宮尊徳（金次郎）の「道徳なき経済は犯罪であり、経済なき道徳は寝言である」を企業経営に置き換えて、「理念なき戦略は罪悪であり、戦略なき理念は寝言である」と言った。その通りである。

私自身、経営者の端くれとして、「あり方」と「やり方」ともに、まだまだ、不十分極まりないが、両面で少しはマシになりたいと絶えず願っている。

私事になるが、50歳を前にしたとき、前職のコンサルタント会社を飛び出して、株式会社イマージョンを設立した。相談できる仲間も少なく、わずかながらの退職金から費用を捻出して多くのセミナーを受講し経営者の集まりの会にも積極的に参加した。藁をも掴む気持ちだったからだ。学校を卒業して、一社しか知らなかった私にとっては、会に参加する経営者との交流が世間を広げることにつながり刺激となった。

しかし、ある時から違和感が生じ、経営者の集まりに参加しなくなった。振り返ってみれば、多くの経営理念の重要性を力説する経営者に最初は共感していたものの、戦略・戦術について掘り下げることなく、勉強会が終わると飲み会、といった繰り返しだったからだ。

起業したばかりで売上・利益もなく、自分自身の報酬もほとんどないなかで、経営理念の重要性ばかり繰り返して酒を飲むことは、まさに、鈴木豊社長がいうように、寝言で時間の無駄としか思えなかった。

経営のあり方、経営理念の重要性を少しずつ理解できたのは、起業して数年経ったころからで、社員を採用し、同じコンサルタント仲間を集って組織になり始めたころからである。

それでも、大手から中堅、戦略系から組織系、個人コンサルタントまで含めると、約二万社ある業界の中で超零細企業。起業して数年は、目の前の案件を追いかけることが精いっぱいといった状況が続いた。その後、自社の「あり方」と「やり方」については案件をこなして試行錯誤し、さらに、坂本光司氏との出会いもあり、方向性が見えてきたのが現実である。

実際、多くの中小企業と同様に、経営資源が不足しているなかでは、「やり方」の選択肢は限られている。まして、家族があり、少人数であったとしても社員がいるなかで、大きな冒険もできない。こうした前提条件・制約の中に企業経営がある。

一方、起業してからの経験は、机上の空論でなく、経営の難しさを骨身で感じることができ大きな財産になったことは間違いない。サラリーマンコンサルタントだったころは、採用や資金繰りに困ることもなかった。そして、多くの経営者が直面することを経験したことがないなか、実感を持たずに、机上の理論だけで偉そうにホワイトボードで板書していた自分が恥ずかしくなった。

こうした経験から、経営コンサルタントと名乗ることを止め、組織開発コンサルタントと自分自身の提供範囲を明確にした。そして、いつの日か、自社の経営で実績を出し、経営コンサルタントと名乗れる日を目標にして、実績を残したいとマインドセットしたのである。

第４章で紹介した経営者たちは、企業経営における「あり方」だけでなく、「やり方」について、もがきながらも果敢に挑戦して新しい価値を生み出した。彼らの言葉は経験の消化が生みだす魂がこもったものである。

第5章

企業経営の本質を言い当てた言葉

「人を儲けさせることで、自分も儲かる」

会社を幸せの発信基地として、全世界に良い影響を与える

近藤　典彦　会宝産業株式会社　取締役会長

会宝産業株式会社は、石川県金沢市に本社を置き、自動車リサイクルや中古自動車部品の輸出・販売を営む、社員78名の会社である。同社は、取締役会長・近藤典彦氏（以下近藤）が1969年、解体業として、旧名「有限会社近藤自動車商会」にてスタートした。創業2年後に、社名を現在の会宝産業に改名。「会宝」は、社員やお客様が「宝に会える」ことに加え、嘘偽りのないオープンな「開放」、さらに弱者を「介抱」するといった意味がある。

同社は、「ジャパンＳＤＧｓアワード」推進副本部長（外務大臣）表彰受賞や"Forbes Small Giant Award" Glocal 賞をはじめ、数多くの受賞をしている超優良企業であり、日本だけでなく全世界で評価されている。２０１５年に国連から宣言された「ＳＤＧｓ」が注目される30年以上前から環境問題に取り組み、日本だけでなく世界にネットワークを築き、自動車のリサイク

ルに取り組んでいる。

自動車産業が花形産業として成長していた時期は、2年ごとの車検が来るたびに新車に乗り換えることが当たり前の時代だった。廃車にされる車も多く、近藤が22歳で解体業として創業した近藤自動車商会も、順調に成長していった。ヤンチャな仕事ととられていた解体業の経営者である近藤は、ワンマンであった。しかし、創業してわずか2年目、近藤にとって、その後の経営に影響を与えることになる出来事が起こったのである。

社員の大やけどで廃業を考える

会社を興して最初に採用した社員が自動車解体作業をしていたときに、ガソリンタンクに火が入って爆発した。社員は火を避けきれず、大やけどを負ってしまったのである。まだ、事務員（現在の近藤の奥様）とこの若手男性社員と近藤、わずか3名しかいなかったときである。

近藤は、取り返しのつかない事故を起こしてしまったことに責任を感じて、やけどをした社員の両親を訪ね、お詫びに会社をたたむことを申し入れた。すると、社員の父親から、「若い者が、そんなことを言うな！　こんなこともある。乗り越えていけ！」と言われ、会社を継続しようと思い直したのである。この出来事で、近藤は、安全は何よりも大切で、お金儲けのためにこれを忘れてしまうと、取り返しがつかないことになると心底思い知らされたのだ。

「動脈産業」から「静脈産業」へ

社員の父親からの励ましで会社を続けたが、近藤は、日々自動車の解体作業を行うなかで、このままでいいのかと疑問を持つようになった。人口が増えて自動車の増産が当たり前に続けられているが、山のように運ばれてくる廃車になる自動車を目の当たりにして、いずれ再利用するなりして処理しなければならなくなる日が必ず来ると感じていたのである。

近藤が例として挙げたのが、香川県の豊島《てしま》問題である。豊島は、瀬戸内海東部にある小豆島の西3・7キロメートルの海上にある島。1975〜90年にかけて、ある民間事業者がシュレッダーダスト（廃車に含まれるプラスチック・ゴム・ガラス類など）や廃油等の産業廃棄物を大量に不法投棄し、野焼きを行い廃棄物の島になってしまったのである。2003年から始まった処理事業では、廃棄物を直島《なおしま》に移送し焼却・溶融方式によって処理するとともに、無害化されたスラグをコンクリート原料として再利用している。処理開始から14年経った2017年6月に約92万トンの無害化処理が完了。処理事業費用は約770億円にもなったといわれるが、いまだに処理が完了したわけではない。これは、処理を考えないでモノをつくり続けることがいかに自然環境を破壊するか、そしてそれだけでなく、廃棄することにはつくること以上に費用も手間もかかるということの、象徴的な事例である。

近藤は、自動車に限らず、新しいモノを数多くつくる経営を「動脈産業」と言う。逆に、今後、少子化で人口減少が始まった日本においては、「静脈産業」が重要になる。ゴミや廃車になる自動車など、要らなくなったモノを処理することが有益で、利益が出る仕事になると近藤は考えたのである。そして、社名を変え、経営理念を制定した。

・経営理念

「会宝産業は、社員一人一人が、よろこびを表現し、お客様に信頼と安らぎの実感を提供し続け、自然環境との調和を計る会社です。」

・私たちの宣言

「私たちは、会宝産業を幸せの発信基地として、全世界に良い影響を与えます」

「儲ける」よりも「儲かる」仕組みへ

近藤は、これまで海外60カ国以上を訪問し、現状を自分の目で見てきた。そのなかで、発展途上国では今でも自動車の窓ガラスの破片の上を素足の子どもが歩いており、その様子を見て、世界のゴミの「あとしまつ」は必ずやらなければならないことであり、またやりがいがある仕事だ、と感じたという。

近藤は、自分が世界を回り構築してきたネットワークを、同業者をはじめとする日本の企業にも提供しようと、2017年、リサイクラーズアライアンスを立ち上げた。日本中の廃車を集めて、世界へ向けて再生させようとする組織だ。

この組織をつくる際、社内では葛藤があった。例えば、シャールジャ（UAE）でのオークションなどは、当初大赤字であったが、その後、粗利20〜30パーセントとそれなりの利益が出る見通しがついていた。近藤は、そのネットワークを加盟料わずか8パーセントで開放すると言い出したのだ。役員からは当然、反対意見が上がった。せっかく努力して赤字が解消でき、利益が出るようになった直後だったからである。しかし、近藤は、「8パーセントであっても、100社集まれば800パーセントだ！」と反論し、開放を推し進めた。結果、2021年3月1日現在、アライアンスには72社が加盟している。

まさに、プラットフォームビジネスへの転換、「儲ける」から「儲かる」仕組みづくりである。近藤がこうした決断をした背景には、子どもの頃から母親に言われてきた二つの言葉がある。

「洗濯の後、泡の立ったタライがある。欲心を起こしてタライの泡を自分のほうに掻き寄せると、泡はタライの縁で向こうに逃げる。人のためにと向こうに押しやれば、水はわがほうに返る」

「大きな釜にうどんが入っている。食べるには長さが1メートルの箸を使うしかない。われ先

にうどんを食べようとすると、箸が長くて、うまく自分の口まで運べない。逆にあなたからどうぞと、1メートルの箸で向かいの人に食べさせれば、あなたもどうぞと返され、皆が幸せになれる」

多くの人間は、まず儲かるか儲からないかの損得で判断し動いている。だからこそ、近藤は、まず一緒に取り組む仲間を儲けさせなければならないと考えているのである。

「**人を儲けさせることで、自分も儲かる**」

近藤はこれを実践することで、多くの仲間ができ、利益を出すだけでなく、日本中・世界中から尊敬される会社に成長させたのである。

※「人事マネジメント」2021年5月号掲載のまま。

「ルールを知らずに、ゲームには勝てない」

経営の仕組みをしっかり理解しなければ成果は出せない

河合 克也 MIC株式会社（旧 水上印刷株式会社） 代表取締役社長

印刷業の市場規模は、1997年をピークに減少傾向にある。デジタル化により2020年はピーク時の約50パーセントの市場縮小。さらに、コロナ禍によりリーマンショック以上の落ち込みとなっている。緊急事態宣言下で、デパートをはじめとする商業施設が休業を余儀なくされ、宣言解除後も「3密」を助長しかねないセールや催事など集客イベントの自粛が続き、チラシ印刷の需要が激減したからだ。

こうしたなかにおいても右肩上がりの成長をしているのが、東京都新宿区に本社を置くMIC株式会社である。具体的には、2011年から2022年の12年間で売上4・2倍、経常利益３・５倍、正社員数２・９倍、１人当たり付加価値額１・４倍というから驚異的である。

しかし、その前に同社は大きな危機を乗り越えている。デジタル化が進むなかで、売上の２割を占めていたコニカの写真フィルムのパッケージ印刷の仕事がなくなる経験をしたのだ。そのため２００６〜０７年にかけて、ドイツ、イギリス、アメリカの印刷会社を訪ね、ロールモデルを探して回った。そして、たどり着いたのが「360°フルサービスカンパニー」といった事業コンセプトである。

360°フルサービスカンパニーとは、コンサルティング、システム、クリエイティブ、ものづくり、フルフィルメント、ロジスティクス、フィールドサポート、効果測定といったすべてのサービスをワンストップで提供することで、「お客様の面倒くさいをすべて引き受ける」事業である。

このコンセプトは、代表取締役会長・水上光啓氏が導入したものであるが、その後進化させたのは、現・代表取締役社長の河合克也氏（以下河合）である。河合は、２００２年大学卒業後、株式会社キーエンスに就職、２００７年水上印刷に転職。経済産業省への出向を経て２０１０年、同社の経営戦略室長、管理本部長となってさまざまな改革に取り組み、２０１４年、現職に就き事業成長を牽引してきた。河合が推進してきた事業戦略は、まさに、デジタルと印刷との融合を図り、旧来の印刷業界のイメージを一新するものである。

販促物のマスカスタマイズ

デジタル社会が進行するなか、印刷業界においても、デジタルと旧来の印刷との融合を進めているところは少なくない。しかし、同社の取り組みは、他社と比べて頭一つも二つも抜けている。同社では「お客様以上に、お客様のことを知る」といった考え方に基づき、お客様のビジネスの全容を把握したうえで、お客様1店舗ごとの付加価値を高めている。

同社が価値向上としてめざす領域の一つは「変種変量」に対応したマスカスタマイズである。河合が言うマスカスタマイズとは、「集約化」と「仕組み化」によって販促物の量的効率化を実現し、1店舗ごとの付加価値を高めることである。お客様の状況に応じて個別受注をすれば手間暇がかかる。例えば、全国展開する小売りチェーンなどはチラシの大量生産を求められている。一方、1万店舗を超えるコンビニ等では、各地域により異なる販売促進のチラシを提供する必要がある。しかし、こうした対応は容易ではない。

便利であるデジタル社会の裏側では、まさに効率化しにくいオペレーションがあふれている。スマホでクリックすれば、あらゆるモノが指定したところに届く社会になったが、これを物流が支えている構造と同じだ。つまり、デジタルサービスの推進事業者を支えるには、「迅速で、きめ細かく、柔軟なフィジカルオペレーション」が求められ、そうした面倒なことをフルサービスで実現しているのが、他の印刷会社の追随できない同社の最大の強みである。

具体的には、新宿ANNEXでデザインされた販促物を多摩ファクトリーで印刷し、高速道路の入り口近くのフルフィルメントセンター「るのパレット」で全国の店舗ごとにキッティングするオペレーションを確立しているのである。

見える化と数値化を徹底

同社では、徹底的に「見える化」と「数値化」を進めている。"MIC Management System" といわれる経営管理の仕組みは、売上をつくる構造（市場選択×自社の強み×ビジネスモデル）と利益をつくる構造（代替×集約×技能向上×標準化×自動化）の二つの観点から見える化・数値化されている。

具体的には、予実管理、追うべき顧客、顧客から評価される仕組み、売上構造の把握、代替によるコストダウン、人の技能を可視化、個人生産性、生産現場改善の状況を全社員が分かるようにしている。部門ごとのPL管理を実施し、営業本部、生産本部、管理本部等、すべての部門の利益がオープンになっている。そして、どうすれば「付加価値」を最大化し、「投入リソース（時間・お金）」を最適化できるかを社員が自ら考えているのである。

「4×4フレーム」の推進

河合は、印刷業界に人が集まらないなか、人財活性と社員満足度向上の人財戦略として、「4（社員満足）×4（人を活かす）フレーム」を推進した。

社員満足を構成する四つの価値は、①働きがい、②働きやすさ、③経済的満足度、④精神的満足度、である。結果、残業は64パーセント減、有休取得率9倍、産休復帰率100パーセント、女性社員比率15パーセント→50パーセント、平均年齢29・6歳、1人当たり付加価値1・4倍と、逆風のなかにあって目を見はるものがある。

時短制度を導入し、育児と仕事の両立をも可能にしている。産前・産後休暇制度、スリークオーター制度（8時間勤務→6時間勤務）、育児休暇制度（子どもに愛情を注ぐ期間）、フレックスタイム制度（8時間勤務&残業なし＋勤務時間フレキシブル）等。有休取得推進としては、ハッピーホリデー（1年に1回9連休）、シーズンデイオフ（日本の四季を感じる）、サンクスファミリーデー（家族の記念日を共に）を設けている。

人を活かすための四つの要素は、①採用、②教育、③制度、④評価である。変化に対応する最良の手段は勉強であり、個人の成長がチームのエンジンであるという考え方に基づき「日本で一番勉強する会社であろう！」の旗印を掲げ、内部研修機関として「MIC ACADEM

Y」を設立、研修費用を100パーセント会社がサポート。社員1人当たりの勉強に当てる時間は就業時間の10パーセントに及ぶ年間200時間というから驚かされる。

河合が、フィギュアスケートにたとえて教えてくれたのが、

「ルールを知らずに、ゲームには勝てない」

——という言葉である。羽生結弦選手は、前半の演技の出来具合で、後半で難しい4回転ジャンプに挑戦するかどうかを瞬時に判断している。頭の中に、演技ごとの得点が入っているからだ。これをビジネスに置き換えれば、管理会計他、企業経営に関する仕組みをしっかり理解しなければ成果が出せないということである。

河合は、企業経営における数値化と見える化を進めたうえで、社員を教育、育成しており、数値の意味合いの理解を促進するプロセスを通して、逆風のなかで企業を成長させたのである。

※「人事マネジメント」2021年7月号掲載のものに、今回単行本化にあたり一部修正を加えた。

「会社の数字と社員の幸せのバランスが大切」

社員は経営者が言っていることではなくやっていることで信頼する

藤井　洋平
藤井電機株式会社　代表取締役社長

藤井電機株式会社は、1948年兵庫県北部の朝来《あさご》市で創業した電気工事を営む会社である。朝来市は、天空の城とも呼ばれ映画やテレビなどでも取り上げられる竹田城跡があり、但馬牛や日本海の魚がおいしい田舎町だ。同社は、現在の三代目代表取締役社長・藤井洋平氏（以下藤井）の叔父で、陸軍で通信の関係に携わっていた初代が、ラジオ店として起業。経済成長のなか、主に電化製品を販売する店舗運営を経て、藤井の父である二代目が隣接業種である電気工事の仕事を本格的に始め、現在の本業の基礎を築いた。

その後、大阪から帰った藤井がバトンタッチを受け、会社を引き継いだのが2006年であるが、藤井が社長となった時には、日本中で地域の人口減少が加速し、地方経済はどんどん疲弊していく状況が続いていた。藤井は、このまま朝来エリアで事業を続けるだけでは、近い将来必ず厳しい状況になるとの危機感を持たざるをえなかった。

現在では、オフィスビルや病院、生産工場、オリンピック関連施設、コロナ患者施設など、幅広く電気工事を手掛けている。大阪の象徴の一つであるあべのハルカスの最上階にある展望フロアや、東京大学総合図書館や中央食堂など、光のアートが奏でるおしゃれで機能的な空間は、同社の設計・演出の特長である。さらに、藤井が会社を引き継いだ後、現在では、15年前の売上19・5億円から53・6億円と約2・8倍に、経常利益は約1億から7億円へと大幅に成長した。さらに、帝国データバンクの評点は76点と電気工事業者の中で全国1位となっている。2021年には「日本でいちばん大切にしたい会社」大賞審査委員会特別賞を受賞した。

しかし、このように、押しも押されぬ優良企業へと成長した過程においては、藤井自らが大病を患わなければならないほどの葛藤があったのである。

朝来から神戸へ進出を決断

藤井は、社長に就任した翌年の2007年に神戸市への進出を決断した。神戸進出にあたって最も難しい問題は、社員に田舎から異動していただくことだった。当時、勤務していた社員の大半は、家持ちまたは実家があるので田舎で働くという社員たちである。都会勤めをして帰ってきた若造（藤井）が、突然、神戸に進出すると言いだし、段階的に人員を異動するということを宣言したのだから、社員に動揺が走ったのは当然である。

藤井は、なぜ、都市部に進出しなければならないのか、今後の北近畿の経済状況などを約1年かけて丁寧に説明し、後ろ髪を引かれる気持ちのなかで社員に転勤をしてもらったのである。結果、神戸に進出してから15年経った今、転勤した社員の多くは、同社で中心的役割を担っている。

神戸進出を果たした直後から北近畿エリアを含む地域経済は不況に陥り、建設投資は大幅に滞り、価格競争が進み、多くの同業が存続できない、もしくは縮小しなければならない状況となった。そのまま朝来市に残っていたとしたら売上は激減し、採用は困難となり、社員は高齢化し、環境整備のための資金なども捻出できなかったことは間違いない。実際、２０２１年現在の北近畿地区での売上は同社全体の10パーセントを切っており、事業の継続ができたかどうかも疑問だからである。持ち家のある社員は、北近畿から各拠点に異動したが、転勤を理由に退職した社員は誰一人いない。さらに、あの時の判断について、「決断がなかったら今の生活はなかった」と感謝してくれる社員が大半なのである。

２０２１年、長年夫婦で勤めた社員が、73歳と70歳で卒業した。また、65歳以上となっても働いている社員が数多くいることは、厳しい経営状況のなか、藤井がいかに社員と向き合ってきたかを物語っている。

藤井電機が取り組んできたこと

社員は経営者が言っていることではなくやっていることで信頼する。その内容を一部紹介する。

●長年続けている取り組み

・毎月給料袋に入れている社員一人ひとりへの手書きの手紙――40年以上
・社員全員へのクリスマスケーキの支給――30年以上
・年度末に、社員全員に決算記念プレゼント――15年以上
・地元各地の花火大会、国際文化交流協会、文化協会、地域活性化に取り組む団体、寺社などへの賛助会費、寄付など――40年以上

●コロナ禍での取り組み

・朝来市にマスク１万５０００枚寄贈
・テレワーク社員にＰＣ、携帯、プリンターなどの必要な備品に加え、腰にやさしいゲーミングチェアを貸与

●社員教育の充実

・研修については内定者の入社前研修〜階層別の研修、キャリアパス研修、話し方研修、毎月行う外部講師の研修など1年を通じてさまざまな内容で開催し、社員に成長機会を提供

・社内スタジオを新設、生配信による研修やデジタル研修、ビデオの作成、新たに研修センター、交流センターの建設を計画

●社員との一体感づくり

・社員から楽しい写真や動画の投稿を募集。毎月300点ほどを編集し音楽に乗せて配信

・社員でつくる健康ドラマの配信

その他、積極的なイベントや行事の実施、楽しみを追求した（他のどこの会社より楽しい）社員旅行、社内情報インフラ整備、最新システムの導入、徹底した職場環境整備ほか、35歳以上の社員に人間ドック（CT含む）を受診するなど福利厚生を徹底的に充実させている。

人を大切にすることが責務

神戸への進出以来、採用に関しては、都市部において継続的に新卒採用を行えたことで、社内には若い社員が大幅に増加し定着している。現在では、採用している社員の出身地は全国に及んでいる。

神戸進出した後、さまざまな観点から検討し、大阪・東京へと順次進出していった。現在、大阪は実質的に本社機能を持った拠点となり、東京に関してはすでに進出して11年目を迎え、施工エリアは首都圏全域に広がっている。

藤井は、神戸、大阪、東京への進出において、さまざまな方との出会いがあった。そして事業を進めていくなかで、力になっていただいた方々のことを振り返ってみた時、最も重要なのは人であり、人を大切にすることこそが経営者の責務であると確信したのである。

同社も受賞したが、「日本でいちばん大切にしたい会社」大賞受賞企業の経営者から聞いた、

「会社の数字と社員の幸せのバランスが重要」

――という言葉は、藤井自身の今までの経験から心に深く刻まれたという。藤井は、「企業で大切なことは、成長過程に応じて社員の幸せを徹底して追求していくことであり、社員やその家族を幸せにすることができれば会社はどんな時代でも成長し続けることができる」と言う。

藤井の経営の基準は、社員が幸せになれるか、笑顔になれるかにある。まさに、究極の決断を繰り返すなかで葛藤しながらも、社員の幸せを抜きにしては企業経営は永続できないことを藤井は深く確信しているのである。

※「人事マネジメント」２０２１年11月号掲載のものに、今回単行本化にあたり一部修正を加えた。

「経営はバランスである」

お客様や社員を幸せにする企業が戦う相手は自社である

佐々木 茂喜　オタフクホールディングス株式会社　代表取締役社長

お多福グループは、広島県広島市に本社があるお好みソースを主力とする食品製造の会社である。1922年創業、醤油の卸と酒の小売業「佐々木商店」としてスタートし、現在は、ソース、酢、たれ、その他調味料の開発・製造・販売を行っている。売上高270億円、社員数は767名である。

「一滴たりとも身体に悪いものは使ってはいけない」「一滴一滴に性根を入れて」という信念を貫き、安全・安心な製品づくりに長年取り組んできた。

商標にもなっている「お多福」は「於多福」とも書き、「多くの人に福を広める」という意味を持つ。精魂込めて作った商品を食してもらうことによって一人でも多くの人たちに幸福を広めたいと創業者は考えたという。

オタフクホールディングス株式会社はグループの持ち株会社で、現・代表取締役社長、佐々木茂喜氏（以下茂喜）は創業者・佐々木清一の孫である。二代目社長の父が早逝し、3人の叔父が社長業を引き継いでいくなかで茂喜は生産や営業の現場を経験し、2005年、グループの主力会社であるオタフクソース株式会社の六代目社長に就任した。

2005年当時は、食品偽装事件やグローバル化に伴う株主重視政策、国内外のファンドによるM&Aなど世の中が混乱するなか、茂喜は一体何を基軸に経営をしたらいいのか悩んだという。日本経済の成熟やグローバル競争のなかで、まさに試行錯誤の連続だったという。

広島のお好み焼きとオタフクソースの取り組み

広島県は、人口10万人当たりのお好み焼き店の数が約65軒と全国で断トツに多い。広島のお好み焼きの原型は「一銭洋食」と言われ、満月のように丸くメリケン粉の生地を引き、魚粉やとろろ昆布、刻みネギなどの具材をわずかに乗せたものであった。

先の戦争で広島に世界で初めて原爆が落とされ、一瞬にして焼け野原になった後、広島駅前などの中心地に闇市の露店が並んだ。それらはやがてバラック建ての店になり、戦前の一銭洋食を売る店や、夫を戦争で亡くした女性が自宅で商うお好み焼き店が登場したのである。

広島に「○○ちゃん」という看板のお好み焼き店が多いのは、戦争寡婦の名前を屋号のルーツに持つからといわれる。やがて、一銭洋食には野菜や麺などの具材が入るようになり、子どものおやつから大人の主食になっていった。

一方、今のお好み焼きの全国への普及は、オタフクソースの活動がその一翼を担っている。ちなみに、長年続いている普及活動の2019年度実績は、お好み焼き店の開業支援研修440人、地元の小学校での食育授業87校、お好み焼きキャラバンカー「団らん号」による施設ボランティア25施設、お好み焼き教室約1万4000人参加等である。その他、お好み焼きに関する歴史の研究や食べ方の紹介、お好み焼きの博物館を擁する「Wood Egg お好み焼館」の建設、全国各地の幼稚園や児童福祉施設を訪問しての試食提供など、数え切れない。

さらに、海外でもアメリカ、中国、マレーシアに工場を建設、アメリカと中国の工場にはお好み焼き研修センターの設置など、お好み焼き文化を伝える活動に力を注いでいる。

同社がこうした取り組みを行っているのは、お好み焼きを通じて家族や仲間との団らんを応援したいと考えているからだ。お好み焼きは野菜をたっぷり採れて栄養バランスもよく、比較的安価な材料で簡単に作れるメニューである。しかも鉄板やホットプレートを囲んでみんなで食べられる。このように、食を通じて「健康と豊かさと和」をもたらし、笑顔あふれる社会に寄与することを使命に掲げているからである。

また、環境保全の取り組みについては、冷蔵庫の余っている食材を上手に活用して食品廃棄を減らす「エコノミ焼」の提案、節電、ペーパーレス、電子化、業務の見直しなど、ＳＤＧｓが取り沙汰される前から取り組んでいる。

日本的経営とグローバルスタンダードとのバランス

茂喜が社長になった当時、グローバルスタンダードといった言葉が頻繁に使われていた。株価最大化、効率、利益追求、労働流動性、資産・予算本位、人件費＝コスト、仕組み・システム、マニュアル・標準化といった考え方である。

その一方で茂喜は、同社が長年取り組んできた日本的経営との関係をどのように整理したらいいのか苦慮したという。日本的経営とは、三方良しのバランス経営。価値、手間暇・こだわり、終身雇用、人財本位、人件費＝利益、社風・文化重視、自主性・個性尊重といった考え方である。

別の表現で対比して言えば、文明と文化、左脳（理論・理屈）と右脳（感性・感覚）、法令・規則と理念、機能的価値（能力・容量・価格）と情緒的価値（こだわり・質感・デザイン・ブランド）である。ちなみに、グローバルスタンダードと日本的経営は、全くの対比ではなく共通する部分もあり、必要条件と十分条件と捉えると、現在の企業経営において両面が必要であることが理解しやすくなるという。

同社の工場を見学すると無人化が進み、手作りで行う小規模の地域密着型製造会社とは違う。なぜなら、お好み焼き文化を全国・海外へ普及させるためには、量産化もしなければならないからだ。

社内行事にも力を入れ、直接のコミュニケーションを充実させている。グループ全社員が一堂に会する社員総会では、仲間の活躍を表彰するとともに交流・懇親をはかり、家族を招いての入社式や、2年に一度国内や海外を訪問する社員旅行は、30年以上続いている。

社員教育についても、欧米的な経営理論とバランスをとる形で、理念と歴史を伝承する研修施設『清倫館』での合宿や、高杉晋作など歴史上の偉人が生誕した地を訪ねる社長塾（シニア・管理職研修）を実施している。

その他、ブランドにおいても、マーケティング手法に加え、地道な活動の結果を真のブランドづくりにつなげるなど、外も内もバランス経営なのである。

「経営はバランスである」

茂喜は、「**経営戦略は論理的・合理的に立案することができるが、お客様も社員も、企業が売上利益をあげるための対象物や兵隊になりかねない。企業が戦っているのは競争相手ではなく、お客様や社員が幸せになるための自社との戦いである**」という。

お好み焼きの食文化を未来に伝え、〝お好ミュニケーション〟を世界に広めていくうえで、きわめて重要な経営の考え方である。茂喜のすべてのステークホルダーの幸せ実現に向けた「バランス経営」は、まさに、まーるいお好み焼きに地球を重ねて全世界に広がっていく、広島発日本的経営の神髄だと思う。

※「人事マネジメント」２０２２年１月号掲載のまま。

「女性活躍は制度よりも風土」

三方良しの「お互い様の風土」で、創業以来幾たびの試練を乗り切る

樋口 友夫 株式会社天彦産業 取締役会長

株式会社天彦産業は、大阪市に本社を置き、特殊鋼・ステンレス・シリコロイの素材販売、加工販売を行う社員約40名の鉄鋼商社である。1875（明治8）年、近江商人の町である滋賀県水口町で、天彦産業の前身である天彦商店が産声を上げた。創業者の樋口彦三郎氏が丁稚奉公していた天王寺屋の最初の一文字「天」と、彦三郎の「彦」を取って、「天彦《てんひこ》」としたのが社名の由来である。

本社を大阪へ移した後も、近江商人の教えである〝三方良し〟を守り、売り手の都合だけで商いをするのではなく、買い手が心の底から満足し、さらに商いを通じて地域社会の発展や福利の増進に貢献できるよう努めてきている。

同社の過去をひもとけば、その経営姿勢が証明される。1952（昭和27）年、取引先が年商の20倍に当たる不渡りを出したが、メイン銀行が支援して継続している。

五代目である現・取締役会長、樋口友夫氏（以下友夫）の父親である三代目が、自身はごはんに醤油をかけて食べるだけの食事で済ませながらも、社員の解雇は一切せず、さらに、熱心に地域社会貢献に励んでいた。そのため「こんな立派な会社を潰してはいけない」と周囲からの支援があったからだ。さらに、四代目社長・樋口克彦氏（友夫の兄）も、取引先の危機回避に奔走するなど、「お互い様」の三方良し経営の考え方が引き継がれている。

現役総理の訪問

同社は、男性社会の典型といわれる鉄鋼業界にあって、男性社員だけでなく女性社員が数多く活躍している異色の現場として高い注目を集め続けている。２００８（平成20）年には「子育てサポート企業」として、厚生労働大臣が認定する「くるみんマーク」を取得。さらには経済産業省の「ダイバーシティ経営企業１００選２０１３」にも選定されている。

その極めつけとして、２０１４年4月18日には、当時の安倍晋三総理大臣が同社を訪問。安倍総理が自身の成長戦略の中の主軸の一つ、「２０２０年までに指導的な地位に就く女性の割合を30パーセントに引き上げる」という目標実現の参考にするためだ。

今でこそ、首相が訪れるほどの会社になったが、もともと後を継ぐつもりがなかった友夫が、会社の危機から呼び戻され社長に就任したのは２００５年のこと。就任してまだ3年目の友夫を襲ったのは、2008年9月のリーマンショックであった。

売上7割減で経営の危機

2009年4～6月は、売上で前年比7割ダウンと厳しい状況に落ち込んだ。にもかかわらず、同年7月、友夫は、全社員に賞与を支給する決断をした。

理由は、社員の中には住宅ローンを抱える家庭やお子様が誕生した家庭があり、社員一人ひとりの顔が浮かんで、とても賞与をゼロにするようなことはできないと考えたからだ。

ところが、社員に賞与支給のことを伝えても誰も喜ばない。さらに、一人の女性社員が社長室に押しかけてきて食ってかかった。「こんな時に、ボーナスを出す理由が分からない。みんな要らんと言っている」と詰め寄ったのだ。「経営者のプライドや！　お前らに関係ない！」と友夫が言い返すと、「じゃあ、ご自由に！」と怒って出ていってしまった。友夫は、そうは言ったものの「うちには、なんてやつがいるんや」と涙が出て止まらなかったという。

また、恒例の「天晴れカーニバル」という社員と家族のイベントでは、社員の家族までもが会社を心配して賞与は要らないと言った話が出て、友夫はどうしても社員と家族を守らなければならないと心を新たにした。その後は、友夫も社員も必死で働き、全社一丸の努力で業績は回復することになる。

採用難が女性活躍のきっかけ

同社では、もともと女性を積極的に活用していたわけではない。当初は、国内産業の空洞化を見越して、新たなビジネスチャンスを獲得しようと海外展開を検討するなかで、語学堪能な人材の獲得を試みた。しかし、中小企業では大卒や語学力のある人材の採用は難しい。そこで、相対的に就職が難しい状況にあった大卒の女性にアプローチを開始した。

2001年、国立大学を卒業した語学堪能な女性社員の採用を皮切りに、女性社員の積極的採用を進め、現在では国内社員44名中14名が女性社員で、その多数が語学堪能な人材で大きな戦力となっている。

2001年に採用した女性社員からの提案で、ウェブ営業チーム「TWS（天彦・ウェブ・セールス）」がつくられた。育児休業から復帰する際に、これまでの飛び込み営業や力仕事ではなく、子育て中でも着実にできる仕事があればと、小口取引が主な特殊鋼の海外向け販売サイトを新たに立ち上げたのだ。女性社員たちは、顧客履歴管理をはじめ、お客様のかゆいところに手が届くようなサービスができる。さらに、語学が堪能ということもあり、アジアや中東圏で新規取引の開拓が実現した。

その結果、海外売上比率が倍増するとともに、女性社員の働く意欲も向上し、女性社員の平均勤続年数が飛躍的に伸びる結果となったのである。

女性活躍は制度よりも風土

優秀な女性社員を採用すれば、すべての会社がこのようになるかといえば、決してそうではない。友夫は、ライフイベントが多い女性の能力をフル活用するために、フレックスタイム制度や在宅勤務制度といった両立支援制度を導入するなど環境を整備していった。

もともと友夫は、制度だけを整備してもうまくいかないと以前から思っていた。幸いなことに、社員間にはお互い様精神の土台となる風土があったので、さまざまなアイデアが社員から出てきた。その一つが年度初めに事前に休暇を登録する「メモリアル休暇制度」である。

子どもの学校行事や誕生日など事前に休みを登録し、社内においてはイントラネット回覧で誰がいつ休暇を取るか全社員が分かる工夫をすることで、部門間の業務調整がよりいっそうスムーズにいくようになった。独身者においては本人の誕生日休暇や夏季限定のリフレッシュ休暇と合わせて海外旅行をする社員もおり、この取り組みはシンプルだが効果があった。

社内からはこんな声が聞かれるようになった。「あなた、明日はお子さんの運動会よね。だったら大変だから、後は私たちがやるから、早めに帰ったほうがいいよ」と助け合いが始まったのだ。

こうした経験から、友夫は安倍首相が訪問したときにも、こう提言している。

「**制度より風土だと思います。いくら制度を整えても、助け合いの風土ができないと女性活躍はうまくいきません**」

あと数年で創業150年になる同社は、決して近代的な制度を取り入れてきたわけではない。創業以来の幾たびもあった危機を、経営者をはじめとする社員同士の「お互い様の風土」で乗り切ってきたのである。

※「人事マネジメント」2019年8月号掲載のものに、今回単行本化にあたり一部修正を加えた。

「物事の始まりは、すべて小さい」

経営者には、いくら長時間仕事をしても労基署から指導されない特権がある

宗次 徳二　カレーハウスCoCo壱番屋　創業者

株式会社壱番屋は、「カレーハウスCoCo壱番屋」（以下略称ココイチ）を運営するカレーライス専門店チェーン最大手である。現在、ハウス食品グループの連結子会社になっているが、もともとは、創業者である宗次徳二《むねつぐとくじ》（以下宗次）と妻の直美が、1974（昭和49）年に開店した喫茶店「バッカス」で出していたカレーライスが好評だったことをきっかけに1978年ココイチを創業した（第1号店は、現在の愛知県清須市）オーナー企業である。

ココイチは、創業後、右肩上がりの成長を遂げ、2019年2月には1477店舗と、店舗数で2番手のゴーゴーカレー70店規模を圧倒している。さらに、フランチャイズにより日本国内各地のほか、米国・台湾・香港・中国・韓国・タイなど海外各国にも店舗を持っている。2020年にはインド進出をはたし、日本では一強状態のココイチが、カレーの本場で成功を収

められるかが注目された。

ハウス食品との連携を強めたのは、創業間もない時に、直美が各メーカーのカレールーを試した結果、選んだのがハウス製品であったことがきっかけである。スパイス調合のリクエストなど、ハウス食品との付き合いも開業当初より始まり、世界を見据えた決断として、ハウス食品グループとなったのである。創業者として大成功を収め、普段から笑顔が絶えない気さくな宗次であるが、生い立ちを聞くと、その人生の壮絶さに驚かされる。

私生児で幼くして養子となる

宗次は、１９４８年石川県に私生児で生まれ間もなく理由はわからないが施設に預けられたため、実の親の記憶はない。兵庫県尼崎市の児童養護施設にいた3歳の時に、雑貨商と貸家業を営む宗次福松・清子夫妻に養子として引き取られたが、養父、福松がギャンブルで財産をなくし、極貧生活のなか、岡山、名古屋と転々とする。幼少期は、競輪場で養父から「地面に落ちている車券のなかから当たり車券を探せ」と命じられるような毎日だったという。家賃が払えず、電気や水道が止められたことは一度や二度ではなかった。

高1の時、養父が病気で他界。社員寮の賄い婦に雇われた養母清子に支えられて、自らもアルバイトをしながら高校を出た。高校卒業後、不動産会社で営業を担当、その後、大手ハウスメーカー名古屋支店に転職。同社で知り合った直美と結婚したが、一緒に退職し、名鉄犬山線岩倉駅近くに自宅兼事務所を建築し独立した。

順調に業績を伸ばしながらも、景気の影響を受けにくく現金収入がある喫茶店経営に夫婦で乗り出し、その後は前述の通り、カレーハウスＣｏＣｏ壱番屋1号店を出したのである。1号店は改築されてはいるがまだ残っており、筆者も訪ねたが、こじんまりとした店で、わずか40年余りで１４７７店舗まで成長したことに驚かされる。１４７７店舗を40年で割ると年に約37ずつ出店した計算になる。宗次に、どんな大きなビジョン、ビジネスモデルを描いて伸ばしてきたのかと聞いてみたが、目の前の小さな目標を必死にやってきただけだという。

超率先・超現場・超お客様主義

「超率先垂範／超現場主義／超お客様第一主義」とは、トップ自らが、先頭に立って実践し、現場に足を運び、現場を自分の目で見て、自分の耳で聴く。つまりは現場を五感で感じることによって、「現場で何が起こっているのか」を把握し、お客様からの視点で判断して行動することを第一に大切にする経営姿勢である。逆に言えば、現場に立脚しない机上の理論や理屈は役に立たないという考え方でもある。

実際、宗次の社長時代は、地元だけでなく全国各地の店舗を直接見て回った。店舗を回れば、社員やパート・アルバイトの働きぶり、商品の品質、クリンリネス、お客様の表情や声を直に把握することができる。そして、改善点が見つかると、その場で店長を呼んで直接指導を行った。宗次は、53歳の若さで社長を後任に譲るまでの社長時代の約30年間、平均すると毎日4〜5食カレーを食べて、自店の接客、運営全般、そして味を確かめた。時には朝10時から夜の9時まで巡回し、同行した社員と別れてホテルにチェックインし、シャワーを浴びた後、深夜・早朝にかかわらず、24時間営業の店舗にお土産を持って巡回するのが楽しみだったという。巡回が終わりホテルに戻る頃には夜が明けていたことも少なくなかったというから驚かされる。

宗次は、「**経営ほど成功確率が高いものはない**」と言う。多くの経営者は、少し成功するとゴルフや会食に時間を使うようになり、その分、実務が疎かになり、業績が厳しくなると断言する。ココイチのフランチャイズオーナーも同じで、2〜5店とうまくいくと、そこで満足してしまい、ユニフォームを着なくなり成長が止まるのだという。

一方、業績が低迷したとしても脱出方法は簡単だとも言う。社長自身が創業時に戻ればいいだけだと宗次は考えているからだ。

自称三流経営者であり続ける

今、働き方改革で、長時間労働が悪とされている。しかし、宗次は、「**経営者には、いくら長**

時間仕事をしても、労働基準監督署から一切指導を受けない特権がある」と言い切る。
社長の経営実務時間は、年間4380時間（1日12時間×365日）以上が基準だと言う。休日を取りたければ、1日1時間（60分×365日）余分に仕事をすれば、年間30日休めるのである。宗次はこのように、社長が創業期のように働けば会社は繁栄すると考えているからこそ、「経営ほど成功確率が高いものはない」と言い切れるのだ。
宗次氏に講演をお願いした際に、何度も「私のような自称三流経営者が……」といった言葉を発するので、少し嫌みに感じた。なぜなら、誰から見ても大成功した経営者だからだ。しかし講演後、講師控室でこの点を宗次に聞くと、「**自画自賛の疑似一流経営者がいるが、自分は、自称三流経営者と思っているほうがいい**」と言う。なぜなら、自称三流経営者とは、現状に満足せず、絶えず油断せず、努力を惜しまず、向上心を持ち続け、謙虚さを忘れず、直向《ひたむ》きに経営に打ち込んでいる経営者であると定義しているからだ。

「**物事の始まりは、すべて小さい**」

――この宗次の言葉には、複数の意味が込められている。どんな巨大企業も、多くは零細企業から始まり、徐々に経営資源を蓄積していった結果という意味合いもある。一方、自分の飲食費を経費で落とす経営者がいるが、それは節税ではなく脱税であり、経営者だからといって許されるものではない。そして、こうした小さな行為の積み重ねが、成功から遠のかせるといった意味でもある。

宗次は直美と一緒に、生活道路に面した三流立地に出店した小さな1号店からスタートし、「超率先垂範／超現場主義／超お客様第一主義」をコツコツとやり続けたことで、世界一のカレーチェーンを築いたのである。

※「人事マネジメント」２０２０年1月号掲載のものに、今回単行本化にあたり一部修正を加えた。

「来た人を、来たときより幸せにして帰しなさい」

私たちの仕事は、顧客と社員一人ひとりの喜びと幸せを追求し続けること

塚本 光伸
株式会社升本フーズ 代表取締役

株式会社升本フーズは、東京都江東区、亀戸駅から5分ほど歩いた駅前商店街の一角にある、仕出し弁当等各種弁当の製造販売をしている社員数220名の会社である。同社は、1905（明治38）年に升本酒屋店として創業し、戦後、酒屋から居酒屋として再スタートした。

本社の近くに位置する本店「亀戸 升本」は、江戸時代に自生していたといわれる幻の江戸野菜「亀戸大根」を昔ながらの農法で丹精込めて育て、伝統の味を今に伝えている。また、天然塩・有機醤油・地養卵など、数々の素材を職人の厳しい目で選び抜いた食材は、保存料、合成着色料を一切使用しないというこだわりを持つ。都内を中心に料理店2店舗、割烹弁当11店舗

の直営店を運営し、都内の有名デパート内等に18の取扱店を展開するなど、業界では知られた会社として成長している。

しかし、同社の代表取締役・塚本光伸氏（以下塚本）が、父親の病気で呼び戻された後の経営は、倒産の一大危機に直面したり、塚本自身が身体を壊してしまったりと、決して順風満帆なものではなかった。

飲食店が嫌で嫌で家を出る

塚本は、戦後の復興期、1951（昭和26）年に、居酒屋を営む塚本家の長男として誕生した。きょうだいは、二つ上の姉と9歳下の弟。家は明治38年から酒屋を営んでいた旧家だが、空襲で店が全焼したこともあり、当時は父と母が夫婦で切り盛りするような小さな飲食店を経営していた。

朝から晩まで、休む間もなく働いていた両親は、子どもたちと過ごす時間もなく、仕事が終われば疲れはてて眠り込んでしまう。塚本は、そんな両親の姿を見て、寂しさのなかで、絶対に家を継がないと心に決めていたという。そのため、高校卒業後、家出同然で大阪へ行くことにした。

ところが、塚本が大阪に住み始めてわずか7カ月、塚本の父親ががんであるとの知らせで呼び戻されることになる。その後塚本は、父親からは店を頼むと懇願され、親戚からも母親の手伝いをするように言われたが、どうしても首を縦に振ることができなかった。医者から父親の余命が短いと知らされて実家に戻った塚本であったが、やはり飲食業をやりたくはなかったので、大学に進学して渋々店を手伝うことになった。朝6時に店の食材の仕入れが終わった後、大学へ行き、夜11時まで店を手伝って帰宅するといった毎日だった。

当時はバブルの全盛期。塚本の同級生らのなかには、証券会社に勤めてびっくりするような多額のボーナスをもらっている者もいたという。塚本は、社員の奥様に「調理人と結婚するなんて恥ずかしくて周りに言えない。土日祭日休みがなく夜11時になっても帰ってこない。ボーナスもない」と言われ、こんな仕事を長く続けてもいいことは何もないと思っていた。

不動産事業を始め失敗

塚本が25歳の時、二つ上の姉が結婚し、家業を手伝うことになった。塚本は、これ幸いと家業を放棄し、別の事業を始めた。新しく始めた不動産仲介事業は、時流に乗ったこともあり、瞬く間に一人で2億円近い収入を得たのである。こうして、ますます飲食業から気持ちが離れていた塚本であったが、自分を慕ってついてきてくれた人がいたこともあって、仲介事業で得た収入を元手にして、東京・多摩にある280坪の土地で懐石料理店を始めることになる。

ところが、いいことは長くは続かなかった。バブル崩壊とともに不動産事業に失敗。4億円の追徴課税が課せられ、倒産寸前の危機に陥ったのである。38歳になっていた塚本は、もはや倒産しかないと腹をくくった。当時のことを、塚本は、謙虚さを忘れ、調子に乗っていたと振り返る。

嫌いだった飲食業に助けられる

皮肉にも塚本を救ったのは、普段から嫌いと言ってはばからなかった飲食業だ。金融機関は貸し渋りをしていた時代で、万事休すかと思いながらも塚本は諦めなかった。

すると、目黒雅叙園から、店舗がうまくいかないから委託で運営してくれないかとの話が入った。もともと飲食は実家の本業である。塚本は必死に頑張って、なんとか立て直したのである。シダックス株式会社の志太勤社長（当時）から社員食堂運営の話が来たのもこの時期である。

さらに、「うかいグループ」とのご縁もできた。塚本が箱根を訪れた際、偶然、いい旅館や施設を見つけて調べてみると、飲食業をしている「うかいグループ」の経営であった。塚本は、すぐに鵜飼貞男社長に手紙を送り面談を申し込んだ。何度もしつこくアプローチし、「10分だけなら……」と約束がかなって本店まで出向いたとき、従業員が一生懸命働く姿に塚本は大きなショックを受けたという。飲食業は社会の底辺の人が働くところだと塚本は思っていたが、銀行からの転職者までいたからである。

さらに、鵜飼氏から1通の手紙を見せられた。内容は、自殺を決めていたが「箱根ガラスの森美術館」（うかいグループ経営）で自殺を思いとどまった、という内容だった。塚本は、飲食業が人を元気にし、さらに命まで救っている事実を知り、子どもの頃から根強く抱いていた飲食業に対する見方が偏見だったことを思い知らされたという。

顧客の喜びと社員の幸せを追求

こうした経験を経て、塚本の考え方は、徐々に変わっていった。

「**来た人を、来た時より幸せにして帰しなさい**」という教えの意味を知った塚本は、料理店でも、割烹弁当においても、自分たちが本当に食べたいと思えるものを作ろうと決心したのである。その一つが、身体に悪影響を及ぼす可能性があるものはすべてやめたことに象徴されている。「来た人」とは、顧客だけではなく社員も同じである。

こうして、同社の基本理念「一人のお客様への喜び、一人の社員の幸せ」は生まれた。

業種柄、長時間労働が常態化しているが、同社の社員の残業時間は1カ月当たり10時間程度以下である。社員に負担をかける無理な売上計画を立てないばかりか、一般の1・2～1・3倍の社員を現場に配員している。ちなみに、升本本店の料理店の夜の営業時間は17～21時であるが、ラストオーダーはこれからが稼ぎ時と思われる19時30分である。ラストオーダーについては、店長が反対し、実際、売上も14～15パーセント落ちたという。

もちろん、お金に苦労した塚本は、経営者としてシビアな面も同時に持ち合わせている。しかし塚本は、「働いている人間が満足して、赤字でなければそれでいい」と語る。実際、同社は離職率が低く、辞めた社員が再び戻ってくるという。30年近く前、不動産業を営んでいた頃のように、見栄で出店して見事に失敗し、多額の借金を抱えた当時のような気負いは、今の塚本にはない。

※「人事マネジメント」２０２０年７月号掲載のものに、今回単行本化にあたり一部修正を加えた。

第5章まとめ

企業経営を、経営理念からビジョン戦略策定、組織化、日々の実践といった狭い範囲でとらえていると、経営の本質である大切な観点がポッカリと抜けてしまう。

某著名経営コンサルタントは、「経営の本質は、①企業の方向づけ、②資源の最適配分、③人を動かす。この3点に尽きる」としているが、こちらも経営管理を別の表現にしたものであり、間違いではないが私自身しっくりこない。

「経営」を辞書（GOO）で確認すると、「**事業目的を達成するために、継続的・計画的に意思決定を行って実行に移し、事業を管理・遂行すること。**また、そのための組**織体**」とある。

「本質」を辞書（広辞苑）で確認すると、「**あるものをそのものとして成り立たせているそれ独自の性質。変化常ない現象的存在に対し、その背後または内奥に潜む恒常的なもの**」とある。

二つを併せて、「経営の本質」を考えると、経営の本質は、「**事業目的を達成する上で意思決定の背後又は内奥に潜む恒常的なもの**」となる。

第5章で取り上げた経営者の言葉には、まさに、企業経営の背後または内奥に恒常的なものが潜んでいることがわかる。

「人を儲けさせることで、自分も儲かる」（会宝産業近藤会長）
「ルールを知らないでプレーしても勝てない」（ＭＩＣ河合社長）

これらの言葉は、経営管理といった経営学で習う表面的ではないものであり、はっとさせられるだけでなく、腑に落ちる。

確かに言われてみればその通りで、自分、自社だけが儲かるだけでは、やがて、人も会社も離れていくに違いない。また、サッカーのルールを知らないＪリーグの選手は誰一人いない。一方、企業経営において、サッカーのルールよりも複雑で幅広い企業経営のルールを「社員に教えています」と胸を張って言える経営者は少ないのではないか。このことは、恥ずかしながら自社でも十分でないと自省している。

経営の財務会計の数字一つをとっても、会社の利益の重要性は伝えても、会計のルールに、利益には粗利益、営業利益、経常利益があることまで伝えているだろうか。例えば、「自社が提供している商品の10％を値引きしたらいくら粗利益が減るか、逆に

10％高く販売することができたらいくら粗利益が増えるかを意識してお客様と商談していますか」と言い切れる会社は、少ないのではないかと感じる。

これは、サッカーでいえば、オフサイドというルールは知っていても、それぞれの場面で、どのような動きをしないとゴールをしても無効になるかについて考えながらプレーをしなければ意味がないのと同じである。

もちろん、長年にわたり体系化された企業活動の経営管理の仕組みを軽視することはできない。むしろ、積極的に学び、日々開発される経営管理ツールについても貪欲に試し、よければ取り入れていくことは重要である。

しかし、経営の本質を欠いたものであれば、うまくいかないか、瞬間的に成果が上がったとしても長続きしないだろう。

長年の経営との格闘のなかで、経営者が辿り着いた経営管理の内奥に潜む恒常的な本質ほど尊いものはない。

解説　人を大切にする経営学会会長（元法政大学大学院教授）　坂本光司

本書は、15年以上行動を共にしている経営コンサルタントの藤井正隆氏が、「真にいい企業」・「真にいい経営者」を増やしたいという一心で、すでに社会から高い評価を受けている全国各地の32社を取り上げて紹介している。

主たる内容は、「真にいい企業」・「真にいい経営者」への密度の濃いインタビュー調査を踏まえ、その企業の中核人財である「経営者」の熱き経営観や、その根底に流れる人生観、さらにはそこから醸し出される温かい人間力などについて述べたものである。

藤井氏は、組織開発のコンサルティングや、経営人財・ミドル人財の育成などを専門とする有数なコンサルタントであると同時に、それを主事業とする株式会社イマージョンの創立者であり、現在もそのリーダーでもある。さらに言えば、私が会長を務める「人を大切にする経営学会」の要である事務局長を学会創設以来務めていただいている。

「人を大切にする経営学会」は、今からおよそ10年前、業績ではなく関係する人々の幸せを第一目的にした「いい企業」・「いい経営者」を増やしたいという強い思いで、産・学・官関係者により創設された学会である。学会は、単に研究をするのではなく、世のため・人のためになると思われるさまざまな活動をしている、正に行動をする学会である。

たとえば、今でこそ多くの企業関係者に認知されてきた「日本でいちばん大切にしたい会社大賞」の企画運営や、人を大切にする経営人財を輩出したいという思いで毎年開学している学会版ビジネススクール「中小企業人本経営（ＥＭＢＡ）プログラム」（学会経営人財塾）の企画・運営もその活動の一環である。こうしたさまざまな活動ができるのも、「あるべき企業経営」を知り尽くし、多くの実績がある藤井氏の、類まれな事業構想力やその実践力に負うところが大きい。

本書では、章の終わりに藤井氏自身が各章のエッセンスをまとめている。この解説では、そのいくつかを補足する。

第１章は、経営者が企業経営の目的・使命を確立した志について詳細に論じられている。

企業経営の目的・使命を、企業を成長発展させることとか、企業の業績を高めることとか、さらにはライバル企業に勝利することなどと考えている関係者が多い。しかしながら、こうした見方・考え方は間違っている。こうしたことは目的ではなく、「関係する人々の幸せの追求・実現」という真の企業目的・使命を実現するための、手段や結果という理解が正しいのである。

では、手段や結果に過ぎない企業成長や業績、さらには企業間の勝ち負けを目的に置くと、関係する人々は、どのような位置付けになってしまうだろうか。

そうした経営では、社員や協力企業・外注企業など、かけがいのない人々はコストや原材料、さらには、業績達成のために利活用する手段となる。さらに言えば、企業経営に直接・間接問わず、目に見える効果や見返りがあることには積極的に関与するものの、それが見えない、期待できないことには無関心となってしまう。つまり、業績を追い求めれば、必ず誰かを不幸にしてしまうのである。そうではなく、企業の目的・使命は、仲間と共に幸せな人生を送ることであり、夢なのである。

しかしながら、業績を高めなければ、関係する人々の幸せが実現できないのだから、やはり業績こそが最重要と考え行動する経営者や企業関係者が、残念ながらいまだ多く存在している。私は、その都度、「貴社は何のために、だれのために業績を高めなければならないのですか」と、あえて聞くことにしている。

本書に掲載された会社では、人の幸せを目的とすることが当たり前のこととして書かれているが、その意味が明確になるように成長や業績、勝ち負けを目的とした経営と対比してみよう。

衆知のように、企業の最大級のコストは、業種・業態の如何を問わず、原材料費または仕入高と人件費の二つである。業績は「売上高—費用」によって示されるので、業績の追求は、誰が考えても、二つの方法しかない。

一つは、売上高の増加、もう一つは費用を縮減することである。売上高を増加させるためには、市場の拡大や深化、さらには新商品開発や客単価を上げることが必要である。とは言え、それは容易なことではない。市場の物的成熟化や経済社会のボーダレス化・グローバル化の進行も加速しており、また他社もそうしたことを常に考えているからである。

それゆえ経営者は、自ずと営業や販売を担当する社員にいっそうの営業努力・販売努力を求めることになる。ひどい場合には、まるで鼻先にニンジンをぶら下げたような過大なノルマを課す。そして、担当者はノルマ達成のために無理をし、心身共に疲弊してしまうのである。そればかりか、企業やその担当者は、企業や自分の業績や評価を高めるため、顧客ではなく、企業や担当者にとって、都合の良い売り方・作り方をすることになる。こんな商売をされたら、やがて顧客は、その企業や担当者に愛想をつかし、見限るのは当然である。

一方、売上高の増加があまり見込めない場合は、企業の業績向上のもう一つの手段である、費用の縮減に注力することになる。具体的に言えば、本来ならば正社員が担うべき仕事を非正規社員にさせたり、三人で担ったほうが安心・安全面から考えてよいと思われる仕事を二人にさせたり、あるいは日常的に長時間残業や違法なサービス残業をさせたりする。

その一方、仕入先や協力企業に対して一方的かつ大幅なコストダウンを求める。こんな経営をされたら、社員はもとより仕入先や協力企業のモチベーションも下がるのは目に見えている。社員のモチベーション・働きがいが低下すれば、企業の業績が下がるのは当然である。

企業経営の目的が「関係するすべての人々の幸せの追求・実現」であることの意味合いは以上であるが、とりわけ重視しなければならない人は五人（者）である。五人（者）とは、

一人目は社員とその家族

二人目は社外社員とその家族
三人目は現在顧客と未来顧客
四人目は地域住民、とりわけ障がい者等社会的弱者
五人目は株主・支援機関、である。

程度の差こそあれ、この五人が幸せを実感できる経営こそが求められているのであり、正に「五方良しの経営」、「誰をも犠牲にしない経営」「大家族的経営」である。筆者が提唱する「五方良し経営」は、次の5点において、近年叫ばれている「ステイクホルダー経営」とか「三方良し経営」とは根本的に異なる。

第1点は、重視すべき順番である。これまでの経営学では、古くは株主第一主義、近年では顧客第一主義と考えるのが一般的である。これに対し私が考える経営学においては、「社員第一主義」であり、株主の優先度は最下位に位置付けている。

第2点は、社員だけではなく、社員の家族を社員と同列、つまり第一に大切にすべき存在として明確に位置付けていることである。社員の家族を、福利厚生制度を通じて、その幸せを追求・実現するというレベルではなく、社員の家族も企業の仲間・メンバーとして評価・位置付け、社員の家族にとっても「大切な企業」と実感できる経営が求められる。

第3点は、これまで、コスト・原材料の一部とみてきた仕入先や協力企業を、パートナーどころか

「社外社員」、つまり、社外の正社員と評価・位置づけていることである。

これまでの経営学では、仕入先や協力企業については、「仕事を出してやっているとか」、「買ってやっている」といった上から目線の意識で、安ければ安いほどいいといった評価であった。それゆえ、仕入先や協力企業は、その幸せを追求・実現しなければならないといった対象ではなかったといえる。しかしながら、筆者が提起する経営学では、仕入先や協力企業はコストではなく「目的」と考えている。

第4点は、企業は、地域住民、とりわけ障がい者や高齢者など社会的弱者の幸せを追求・実現しなければならない対象と明示したことである。メセナなフィランソロピーといった、社会貢献や地域貢献活動は当然であるが、より重要な障がい者や高齢者など社会的弱者の直接・間接の雇用責任を明確に問う。

第5点は、株主や支援機関を最下位に評価・位置づけたことである。もちろん、株主や出資者が存在しなければ企業そのものが存在しない。しかし、株主や出資者のすべてではないが、とりわけ関心が高いのは企業の業績や株価などであるため最下位に位置付けたのである。

繰り返しになるが、業績は企業経営の目的ではなく、目的である関係する人々の幸せを実現するための手段や結果である。前述した四人（者）が幸せを実感するような経営、働きがいが高まるような経営、働きやすさが高まるような経営を行えば、業績はおのずと高まるのである。

余談であるが、いつぞや世界最大規模の電子機器メーカーの幹部から相談を受けた。「なぜ、日本の著名な大企業は、次から次に、おかしくなってしまうのですか。いずれの企業も、将来はあのような企業になりたいとベンチマークとしてきた企業です。大企業病なのですか。企業は巨大化すると、避けて通れない現象なのですか」といった内容であった。

私は即座に答えた。「それは規模の問題、つまり、大企業病なんかではありません。経営学の原理・原則をいつの日からか忘れてしまったからです。経営学の原理・原則は、いちばん大切にすべきことをいちばん大切にすることです。いちばん大切にすべきことを決して疎か、ないがしろにしないことです。この世の中でいちばん大切なことは、人間の命と生活です」と。特に第2章では人として大切にすべき原理原則、第5章では経営原理の本質についての具体例が書かれているので、ご一読いただきたい。

業績を大切にする経営と人を大切にする経営を比較すると、その経営の考え方、進め方は真逆である。ここまで論じたように、業績を大切にする経営においては業績の実現こそが目的となるのに対し、人を大切にする経営においては人の幸せの追求・実現こそが目的となるからである。

どちらが正しい経営であろうか。答えは明白である。人を大切にする経営である。なぜなら、業績のための手段・原材料・コストなどと評価された感情のある人間社員が、組織や上司の評価を高めるような仕事はしないからである。

その意味でいえば、いい企業にしたいと思うならば、迷うことなく人を大切にする経営を愚直一途に行うべきである。業績を大切にする経営と人を大切にする経営の違いを対比し示すのが以下である。

本書を読む際、どの経営のことを指しているのか参考にしていただきたい。

業績を大切にする経営	人を大切にする経営
①自利型経営	利他型経営
②一方良し型経営	五方良し型経営
③損得重視型経営	善悪重視型経営
④急成長・急拡大型経営	年輪経営
⑤景気・流行期待型経営	景気創造型経営
⑥価格競争型経営	非価格競争型経営
⑦成果主義重視型経営	年功序列型経営
⑧長時間残業型経営	短時間残業型経営
⑨非正規社員多数型経営	正社員多数型経営
⑩低賃金型経営	適正賃金型経営
⑪上意下達型経営	下意上達型経営
⑫ワンマン型経営	全員参加型経営
⑬ノルマ型経営	目標型経営
⑭個人戦型経営	チーム・団体戦型経営

⑮閉鎖型経営
⑯ピラミッド型経営
⑰フル操業型経営
⑱中途採用重視型経営
⑲短期重視型経営
⑳アンバランス型経営
㉑他人資本依存型経営
㉒外部分配過多型経営
㉓管理型経営
㉔業績重視型経営
㉕リストラ型経営
㉖強者優先型経営
㉗企業の都合優先型経営
㉘売上高重視型経営
㉙情報受信型経営
㉚制度重視型経営
㉛法定外福利不十分型経営

超ガラス張り型経営
逆ピラミッド型経営
腹七分型経営
新卒採用重視型経営
中長期重視型経営
バランス型経営
自己資本充実型経営
社内分配・蓄積重視型経営
大家族的経営
働きがい重視型経営
雇用維持・拡大型経営
弱者優先型経営
顧客の都合優先型経営
人件費重視尾型経営
情報発信型経営
風土重視型経営
法定外福利十分型経営

㉜対応力重視型経営	提案力重視型経営
㉝規模重視型経営	質重視型経営
㉞指値型経営	値決め型経営
㉟特定企業高依存度型経営	リスク分散型経営
㊱公私混同型経営	公私区分型経営
㊲集権型経営	分権型経営
㊳戦略重視型経営	理念重視型経営
㊴下請型経営	自立型・独立型経営
㊵設備生産性重視型経営	人の生産性重視型経営
㊶少品種大量型経営	多品種少量型経営
㊷硬直型経営	柔軟型経営
㊸マス管理型経営	個別対応型経営
㊹企業成長重視型経営	社員の成長重視型
㊺生産または販売重視型経営	研究重視型経営
㊻最終ランナー型経営	中継ぎ型経営
㊼ローカル型経営	グローカル型経営
㊽教育不十分経営	教育重視型経営

㊾製販分離型経営　　　　　製販一体型経営
㊿社員と株主分離型経営　　社員と株主一体型経営

企業は人なり、といわれるが、企業で最も重要な人とは、経営者という人である。
古今東西を問わず、企業の盛衰は、そのリーダーたる経営者の、経営の考え方・進め方で決定しているといっても過言ではない。

本書を読み進めるうちに気づかれると思うが、あえて一言だけ言えば、名経営者といわれる人々のなかに、大した苦労もせず順風満帆な人生を送ってきた人はいない。それどころか、どん底を知る波乱万丈な人生であった。

それをいかに、なぜ乗り越えることができたのか。藤井氏が取り上げた企業は、読者に多くのヒント・気づきを与えてくれるであろう。

エピローグ

企業経営は、本当に複雑極まりないと実感します。

企業経営は、「ヒト・モノ・カネ」とあります。そして、「ヒト・ヒト・ヒト」と言う人もいます。人が「ヒト・モノ・カネ」の全てを生み出すのがその理由だと言い、その通りですが、現実の経営は全てに対処しなければなりません。

経営学では、経営理念、戦略、組織、人的資源管理、財務……、こうしたそれぞれの分野がありります。もっと細かく観点を分ければ、戦略だけでなく戦術・戦闘、組織構造、組織文化、採用、育成、評価……といった具合にさまざまな観点から考えて手を打ちます。

現実の経営が直面する例に当てはめてみます。問題意識を持って起業したとします。最初、資金が必要なため金融機関に事業計画書を書いて借入申請しましたが貸してもらえません。そこで、国が設定した起業支援制度を利用して保障協会の承認でやっと資金調達しました。次に、どのような商品サービスを提供するかを考えます。しかし、なかなか他社と差異化が難しいことに気づきます。そうしたなか、差異化までいかないまでも、必死の営業活動でお客様ができました。ところが、直後にリーマンショックの影響が残るなか、東日本大震災でキャンセルが相次ぎ、売上・利益が吹っ飛びました。

社員を雇用しないと仕事が回らないために採用を試みますが、起業して数年しか経っていない零細企業に人は来ません。友人伝いに何とか採用しましたが、しばらくすると社員が辞めたいと言ってきました。理由を聞いてみると、「将来を考えると夢が持てず、人生設計が不安だ」と言います。そこで、夢が持てるビジョン策定を試み社員に伝えますが、なかなかその通りには行きません。また、職場環境を整えようと、家賃は高くても小奇麗なところに引っ越しましたが、固定費が増えました。そうしたなかで、次はコロナショックです。政府系の金融機関で資金調達をして息をつきますが、売上がないなか、社員に給料とわずかばかりのボーナスを払うのが精いっぱいでした。まだまだ、続きがありますが、このくらいにしたいと思います。

実は、これは、私自身が起業してから経験したことです。こうして振り返ってみると経営学で学ぶ経営管理のさまざまな要素が複雑に絡み合っていることがわかります。

まだ、10数年の会社でさえ、この他に書ききれないくらい多くのことがあります。そう考えると掲載した企業には、限られた字数では表しきれない経営上の出来事があり、それに対処し続けて葛藤したことが想像できます。そして、名言には、その葛藤を長年に渡って繰り返すなかで辿り着いた大切なことが集約されているのです。

経営者には、社員とその家族をはじめとする関係者の生活を守り、幸せを実感させなければならない役割から逃げることができません。そして、真摯に向き合い続け、鼻血が出るほど、考え抜いて実践したことが、その経営者ならではの言葉となっているのです。

毎月の月刊「人事マネジメント」の執筆は、私にとって時間に追われて苦しい反面、冒頭に書いたように、多くの苦難を乗り越えた経営者を訪ね、お話をお聞きし学びに触れる楽しみがあり、且つ、自分自身を定期的に振り返るいい機会になっています。こうしたことは、苦しみと楽しみといった両面において、企業経営と全く同じだと思います。

毎月連載させていただいている月刊「人事マネジメント」の編集長であり株式会社ビジネスパブリッシング代表取締役伊藤彰彦様には、毎月、遅れがちになる原稿提出期日を過ぎても寛容に対処いただいたことが、8年近く続けてこれた一番の要因です。

今回、解説をいただいた恩師坂本光司先生に連れていっていただき、本書でも紹介した鹿児島のラグーナ出版代表取締役社長川畑善博様、編集部のみなさまには、本書の校正・編集にあたって丁寧な対応をいただき、感謝するばかりです。こうした方々のご協力により、本書を出版することができました。

毎日、葛藤を続ける経営者、社員の方に幅広く読んでいただければ幸いです。

藤井　正隆

「人を大切にする経営学会」のご案内

◎設立趣旨

～活力に満ち満ちた企業や社会にするために～

厳しい経済環境の中、全国には好不況を問わず高い業績を持続している企業があります。その企業らの最大級の特長は、「企業に関係する人々の幸せを最重視した経営学の実践」です。

業績重視・技術重視・シェア重視といった経営ではなく、人の幸せを重視する経営の実践こそが、結果として企業に安定的な好業績をもたらすという経営学の普及・深化は、単に産業界の経営の在り方だけではなく、広く医療関係者や、産業支援機関関係者に多大な影響を与えるものと考えます。私たちは「人を大切にする経営学」をなお一層深め、その理論化・体系化を研究するために「人を大切にする経営学会」を設立しました。

◎事務局　〒102-0073　東京都千代田区九段北1-15-15瑞鳥ビル2階

TEL（03）6261-4222　E-mail:info@htk-gakkai.org

サイト検索　https://www.htk-gakkai.org/

◎活　動　1年1回、年次大会（全国大会）の開催

「日本でいちばん大切にしたい会社」大賞表彰開催

全国支部の開催（北海道～沖縄　10支部）

人を大切にする経営に関する調査研究

毎週月曜日「学会メールマガジン」発行

毎月「学会TV」の配信　他

◎会　員　会員は国内外の経営者及び社員・研究者・弁護士・公認会計士・税理士・経営コンサルタント・社会保険労務士・産業医・企業家・大学生・大学院生など、学会の趣旨に賛同する機関及び人。

◎会　費　(1)個人会員　年間1万円　(2)賛助(団体)会員　年間5万円

「日本でいちばん大切にしたい会社」大賞募集のお知らせ

自薦・他薦、いずれも可です。ぜひご応募ください。

表　彰　内閣総理大臣賞(企業経営として、経営体制面が最も優れていて企業継続性があり、かつ、長期にわたり社会課題解決に取り組み、大きな社会的貢献をもたらしている)1社

経済産業大臣賞(企業経営として経営体制面が優れていて企業永続性がある)1社

厚生労働大臣賞(主に、総合的な雇用・労務面に関して優れた企業行動を実践し企業永続性がある)1社

地方創生大臣賞(地方での雇用の創出他、地域創生に関して優れた企業行動を実践し企業永続性がある)1社

中小企業庁長官賞(中小企業基本法の定義に基づく、中小企業に該当しており、企業経営として経営体制面が優れていて企業永続性がある)1社

中小企業基盤機構理事長賞(中小企業基本法の定義に基づく、中小企業に該当しており、中小企業庁長官賞に次いで、企業経営として経営体制面が優れていて企業永続性がある)1社

審査委員会特別賞(大賞の趣旨にふさわしい企業等)該当企業

実行委員会特別賞（大賞の趣旨にふさわしい非営利企業（NPO法人・社会福祉法人・医療法人・学校法人・社団法人・財団法人・その他）、金融機関、自治体等）該当企業

応募資格　過去5年にわたって、以下の6つの条件に該当していることとします

1．希望退職者の募集や人員整理（リストラ）をしていない
2．重大（死亡や重傷）な労働災害を発生させていない
3．一方的なコストダウン等理不尽な取引きを強要していない
4．障がい者の雇用率は法定雇用率以上である

注1）常勤雇用43・5人以下の企業で障がい者を雇用していない場合は、障がい者就労施設等からの物品やサービス購入等、雇用に準ずる取り組みがあること
注2）本人の希望等で、障がい者手帳の発行を受けていない場合は実質で判断する

5．営業黒字で納税責任を果たしている（除く　新型コロナウィルスの感染拡大等の影響による激変）
6．下請代金支払遅延等防止法等の法令違反がない

後援機関　経済産業省、厚生労働省、経済産業省中小企業庁、中小企業基盤整備機構、日本商工会議所、全国商工会連合会、全国地方銀行協会、第二地方銀行協会、全国信用金庫協会、全国信用組合中央協会、中小企業家同友会全国協議会、全国中小企業団体中央会、中小企業診断協会、株式会社商工組合中央金庫

※なお、本書掲載の応募基準その他は第14回のものです。毎回、若干の変更があります。詳しくはホームページ（https://www.htk-gakkai.org/a0013/MyHp/Pub/）まで

■著者略歴

藤井 正隆（ふじい　まさたか）

1962年生まれ。法政大学大学院政策創造研究科博士後期課程単位取得満期退学。大手コンサルティング会社所属後、2010年、株式会社イマージョンを設立。代表取締役社長。「人を大切にする経営学会」常任理事・事務局長、茨城大学大学院人文社会科学部非常勤講師。

企業経営者、組織開発コンサルタント、研究者の立場から「いい会社づくり」に取り組み、企業視察研究1500社以上。著書に、『いい会社のつくり方』（WAVE出版、2016年）、『「いい会社」をつくった名経営者の言葉』（商業界、2018年）など単著共著23冊があり、企業事例から「いい会社」の理論をわかりやすく伝えている。

■解説者略歴

坂本 光司（さかもと　こうじ）

経営学者・法政大学大学院元教授。現在、人を大切にする経営学会会長、徳島大学客員教授、ほか公職多数。

専門は中小企業経営論・地域経済論・福祉産業論。徹底した現場派でこれまで訪問調査・アドバイスした企業等は8000社を超える。著作は『日本でいちばん大切にしたい会社１～８』（あさ出版）、『経営者のノート』（あさ出版）など100冊以上。

「いい会社」になるために知りたい名経営者の言葉

——葛藤の末にたどりついた　人を大切にする経営の本質

二〇二三年十一月二十日　第一刷発行

著　者　藤井正隆

解　説　坂本光司

発行者　川畑善博

発行所　株式会社 ラグーナ出版

〒八九二－〇八四七

鹿児島市西千石町三－二六－三F

電話 〇九九－二一九－九七五〇

URL https://lagunapublishing.co.jp/

e-mail info@lagunapublishing.co.jp

印刷・製本　シナノ書籍印刷株式会社

定価はカバーに表示しています

乱丁・落丁はお取り替えします

ISBN978-4-910372-26-6　C0034